Otto Gunter

A Verdade Esquecida
Evangelho de Barnabé

Copyright © 2023 Por Luiz Santos
Todos os direitos reservados.
Nenhuma parte deste livro pode ser reproduzida de qualquer forma ou por qualquer meio sem a permissão por escrito do detentor dos direitos autorais.
Imagem da capa © Booklas.com
Revisão por Marco Avelar
Design gráfico por Tania Navarro
Diagramação por Paulo Xavier
Todos os direitos reservados a:
Luiz A. Santos
Categoria: Religião/ Estudos Apócrifos

Sumário

Prólogo 5
Capítulo 1 Quem Foi Barnabé 8
Capítulo 2 Barnabé e os Apóstolos 13
Capítulo 3 O Contexto Histórico 19
Capítulo 4 A Lenda do Evangelho de Barnabé 25
Capítulo 5 Atribuição Autoral 30
Capítulo 6 Motivações de Barnabé 35
Capítulo 7 Jesus e Profecias Judaicas 40
Capítulo 8 Cristo como Profeta 44
Capítulo 9 O Papel de Judas 49
Capítulo 10 A Traição e o Desfecho 54
Capítulo 11 Conceito de Pecado Original 58
Capítulo 12 A Missão de Jesus 62
Capítulo 13 O Islã e o Evangelho de Barnabé 67
Capítulo 14 Conceitos Apócrifos no Evangelho 72
Capítulo 15 A Autoridade dos Apócrifos 77
Capítulo 16 Barnabé e a Heresia 82
Capítulo 17 Conflitos com o Apóstolo Paulo 87
Capítulo 18 O Debate sobre a Crucificação 92
Capítulo 19 Barnabé e a Salvação 96
Capítulo 20 A Redenção no Evangelho de Barnabé 100
Capítulo 21 A Ressurreição em Debate 104
Capítulo 22 Influências Islâmicas 108
Capítulo 23 Elementos de Judaísmo no Evangelho 113
Capítulo 24 Maria e o Evangelho de Barnabé 118

Capítulo 25 A Ascensão de Jesus 122
Capítulo 26 A Questão dos Milagres 126
Capítulo 27 Relatos Contraditórios.. 130
Capítulo 28 Repercussão Histórica.. 135
Capítulo 29 Judas e o Sacrifício... 140
Capítulo 30 Visão de Final dos Tempos 144
Capítulo 31 Doutrinas sobre a Vida Eterna 148
Capítulo 32 Cristo e a Profecia 152
Capítulo 33 Início da Perseguição Cristã................................... 156
Capítulo 34 O Papel dos Apóstolos 160
Capítulo 35 A Natureza de Deus.. 164
Capítulo 36 Jesus como Servo 168
Capítulo 37 Crenças Muçulmanas e Cristãs 172
Capítulo 38 Implicações Contemporâneas................................. 176
Capítulo 39 Estudo Comparativo 181
Capítulo 40 Influências Externas 186
Capítulo 41 A Controvérsia no Islamismo................................. 191
Capítulo 42 Apócrifos e Cânones 195
Capítulo 43 Relatos de Apóstolos.. 200
Capítulo 44 O Papel das Escrituras.. 205
Capítulo 45 Espiritualidade Apócrifa 210
Capítulo 46 A Luta entre Verdades.. 214
Epílogo 219

Prólogo

Neste momento, estás diante de uma obra que transcende o conhecimento convencional e te convida a uma jornada além das narrativas canônicas. Aqui, cada palavra te revelará uma camada oculta, uma essência que desafia os contornos estabelecidos. Ao mergulhar nestas páginas, serás transportado ao fervor dos primeiros anos do cristianismo, onde as tradições e as interpretações se confrontavam, ecoando entre vozes que buscavam a verdade mais profunda sobre a figura de Jesus. Barnabé, cujas ideias e presença quase desapareceram dos relatos históricos, emerge nesta obra como um guia, alguém que viveu os desafios da fé e que oferece uma visão distinta sobre os primórdios de uma mensagem que mudou o curso da história.

Barnabé, tal como o entenderás aqui, não é um personagem ordinário, mas uma testemunha crucial de um tempo marcado por incertezas e por tensões entre a cultura judaica e o impacto da nova fé cristã. A sua voz traz à tona questionamentos que podem parecer desafiadores, mas que, com sensibilidade, revelam uma faceta de Jesus mais humana e menos influenciada pelos dogmas que se consolidaram com o passar dos séculos. Longe de exaltar uma figura divina em moldes fixos, Barnabé delineia um Jesus profeta, um mensageiro que não veio para instaurar dogmas, mas para despertar a consciência, para chamar o ser humano a uma vida de retidão, de amor ao próximo e de verdadeira espiritualidade.

O que encontrarás neste texto vai além de uma história ou de uma lição religiosa; é um convite ao entendimento profundo, uma abertura para uma verdade que desafia, que convida à introspecção e à reflexão sobre o papel da fé na vida. Esta obra, frequentemente envolta em mistério, traz à luz uma visão alternativa sobre o papel de Jesus e sobre as interpretações que moldaram o cristianismo. Por entre essas palavras, conhecerás a importância da preservação das tradições, o valor da continuidade com a herança judaica, que Barnabé defendia e que via em Jesus não um rompimento, mas um cumprimento.

Enquanto exploras estes escritos, perceba o pulsar de uma espiritualidade que clama por algo maior do que crenças rígidas e rituais vazios. Em cada verso, Barnabé incita à compreensão de uma fé que busca a pureza do coração e a ação ética como verdadeira forma de conexão com o divino. Este é um livro para aqueles que desejam ver além do óbvio, que procuram uma essência que transcende a mera adoração e se transforma em prática viva, em transformação pessoal.

A partir de agora, estás perante um dilema fascinante: abraçar a possibilidade de que o caminho espiritual é mais do que uma promessa de redenção futura. Aqui, o foco está na experiência presente, na condução de uma vida justa e compassiva, como espelho das lições de Jesus. Barnabé aponta para uma prática religiosa que não se apoia no sacrifício ou em dogmas, mas na integridade, na prática diária do amor, na dedicação genuína a uma vida que honra a herança sagrada de Deus.

Neste evangelho, encontrarás um Jesus que transcende a figura do messias tradicional, alguém que, longe de pretensões divinas, representa a humanidade em sua forma mais pura. A cada página, desvelarás a força de uma mensagem que não requer adoração, mas imitação; não busca seguidores cegos, mas seres humanos comprometidos com a verdade e com a justiça. Este é o chamado de Barnabé, o chamado que ecoa ao longo do livro: não para que adores, mas para que vivas o que lês, para que te transformes a partir da essência de suas palavras.

Agora, cabe a ti prosseguir. As revelações esperam, mas apenas para quem está disposto a questionar, a observar com o olhar renovado de quem não teme a verdade. Este é o espaço da descoberta, do autêntico despertar. Mergulha nas ideias de

Barnabé com o coração aberto, pronto para acolher uma perspectiva que irá desafiar o que já conheces e, quem sabe, te levará a encontrar uma nova forma de ver o divino em cada detalhe da existência.

Capítulo 1
Quem Foi Barnabé

Barnabé, figura enigmática e fascinante do início do cristianismo, é conhecido como um dos primeiros seguidores de Jesus e, sobretudo, como um personagem controverso que atravessa as narrativas cristãs com um magnetismo peculiar. Embora seu nome tenha desaparecido em parte das doutrinas canônicas, o impacto de sua presença reverbera até hoje, especialmente através do suposto Evangelho de Barnabé, uma obra apócrifa que levanta questões profundas e, muitas vezes, desafiadoras sobre a figura de Cristo e os primórdios do cristianismo.

Para entender quem foi Barnabé, é preciso primeiramente situá-lo no cenário histórico e cultural do século I, onde o fervor religioso e a opressão romana sobre a Judeia moldavam a percepção de mundo de todo um povo. Era um tempo de tensão messiânica; muitos esperavam a chegada de um salvador, alguém capaz de libertá-los do jugo romano e restaurar a glória de Israel. Nesse contexto, Barnabé se destaca como um homem de grande fé, comprometido com suas convicções e profundamente conectado à espiritualidade judaica. Antes de se tornar cristão, Barnabé já era um judeu devoto, e tudo indica que sua formação foi rigorosa, baseada em textos e tradições que moldavam a compreensão religiosa de seu tempo.

Originalmente conhecido como José, Barnabé nasceu em Chipre em uma família de judeus helenizados, ou seja, judeus que absorveram a cultura grega em muitos aspectos de sua vida cotidiana. Esse detalhe, aparentemente trivial, revela-se significativo: a helenização trazia consigo um entendimento mais amplo e uma visão cosmopolita que permitiram a Barnabé transitar com relativa facilidade entre diferentes culturas. Essa flexibilidade cultural e a capacidade de comunicação com judeus e gentios desempenharam um papel fundamental em seu ministério e em suas ações junto aos apóstolos.

Na tradição cristã, Barnabé é descrito como um homem de caráter generoso e desinteressado, qualidades que o destacam já nos primeiros registros históricos, como no relato dos Atos dos Apóstolos. É dito que ele, movido pela fé e pelo desejo de ajudar a comunidade nascente, vendeu sua propriedade e doou o dinheiro aos apóstolos para ser distribuído entre os necessitados. Esse gesto de desprendimento revela uma disposição altruísta e um comprometimento profundo com os ideais do cristianismo nascente, que via a partilha e o auxílio mútuo como pedras angulares da nova fé. É também esse gesto que marca seu vínculo inicial com os apóstolos, especialmente com Pedro, que lhe atribui o nome Barnabé, que significa "filho da consolação" ou "filho da exortação".

Entretanto, o papel de Barnabé não se resume a um simples apoiador dos apóstolos; ele foi, na verdade, uma das figuras centrais no processo de expansão do cristianismo. Sua missão logo o levou a estabelecer uma relação profunda e complexa com Paulo de Tarso, uma parceria que se tornaria célebre e igualmente conturbada. Enquanto Paulo era um judeu fariseu, ex-perseguidor dos cristãos e cidadão romano, Barnabé assumia uma postura moderada e conciliadora, com uma perspectiva aberta e disposta a abraçar os gentios. Juntos, formaram uma equipe formidável, percorrendo várias regiões e fundando comunidades cristãs por onde passavam.

Entretanto, por trás da colaboração, havia tensões veladas. Barnabé era um homem de convicções firmes, mas também um pensador reflexivo. Sua formação e sua espiritualidade pareciam conduzi-lo a uma visão própria do cristianismo, uma visão que talvez não estivesse totalmente alinhada com a de Paulo e dos outros apóstolos. As Escrituras sugerem que, em diversos momentos, Barnabé manifestou-se com reservas sobre a interpretação de certos preceitos da nova doutrina que Paulo tão intensamente promovia. Essa divergência fica evidente em incidentes narrados nos Atos dos Apóstolos, como o famoso desacordo sobre a inclusão dos gentios na comunidade cristã e as regras de convivência entre judeus e não-judeus.

Para Barnabé, o cristianismo parecia demandar uma continuidade mais acentuada com as tradições judaicas, diferentemente de Paulo, que, talvez impulsionado por suas próprias experiências e ambições, vislumbrava uma fé mais acessível a todos, independentemente de sua origem étnica ou religiosa. Essa divergência, aparentemente pequena, carrega um peso monumental. Enquanto Barnabé acreditava que os gentios deveriam seguir determinadas leis judaicas, Paulo defendia uma ruptura radical com esses costumes, argumentando que a fé em Cristo deveria ser suficiente para a salvação. Esse conflito ideológico foi um dos fatores determinantes para o eventual distanciamento entre eles.

Além de seu vínculo com Paulo, Barnabé também nutria uma relação complexa com os outros apóstolos, especialmente com Pedro. Nos primeiros anos do movimento cristão, Pedro e Barnabé partilhavam de uma missão semelhante, ambos envolvidos na tarefa de pregar e de consolidar a comunidade cristã entre os judeus. No entanto, enquanto Pedro se tornava uma figura central e decisiva no direcionamento da Igreja em Jerusalém, Barnabé parecia afastar-se gradualmente, optando por uma atuação mais itinerante e independente, uma escolha que refletia seu desejo de levar a mensagem de Jesus além dos limites da Judéia.

Alguns estudiosos argumentam que Barnabé, em sua essência, possuía uma natureza questionadora, característica que o fez buscar um caminho próprio, não apenas em termos de pregação, mas de entendimento do próprio cristianismo. Esse espírito crítico e reflexivo, combinado com sua formação e espiritualidade profunda, o conduziu a questionamentos e interpretações que, por fim, culminariam no desenvolvimento de uma perspectiva particular sobre a vida e a missão de Jesus. Essa autonomia interpretativa torna-se especialmente evidente quando se observa o conteúdo atribuído ao chamado Evangelho de Barnabé, texto que apresenta visões divergentes sobre a figura de Jesus, especialmente em comparação com os evangelhos canônicos.

A possibilidade de que Barnabé tenha produzido um evangelho próprio reflete sua tentativa de preservar uma visão mais humana de Jesus, uma figura próxima ao profeta que veio cumprir a lei judaica, em vez do Cristo divino e salvador universal que outros apóstolos, especialmente Paulo, promoviam. No entanto, é importante notar que o Evangelho de Barnabé que conhecemos hoje é um texto controverso, cuja autenticidade é questionada, levantando discussões profundas sobre a veracidade dos relatos e as motivações por trás de sua escrita. Mas, mesmo sob a sombra dessas dúvidas, o conteúdo desse evangelho, caso seja realmente de Barnabé, indica uma profunda ruptura com a doutrina que estava se consolidando como oficial.

Essa visão alternativa, que coloca Barnabé como um defensor de uma abordagem mais judaica e menos divina de Jesus, lança luz sobre uma faceta do cristianismo primitivo que muitas vezes é relegada a segundo plano. Não se tratava de um grupo homogêneo de seguidores com uma fé uniformemente definida, mas de uma rede diversa de crentes, cada qual com sua própria interpretação da mensagem de Jesus. Nesse contexto, Barnabé surge não como um dissidente, mas como um elo entre o judaísmo e o cristianismo, um homem que desejava preservar a essência da tradição judaica ao mesmo tempo em que abraçava o novo ensinamento.

É possível que Barnabé visse em Jesus o cumprimento das profecias messiânicas judaicas, mas sem a necessidade de divinizá-lo completamente. Essa percepção teria levado Barnabé a formular sua própria versão dos acontecimentos, talvez com o objetivo de oferecer uma visão que, em sua opinião, estivesse mais próxima da verdade original. Afinal, o que poderia ser mais importante para um homem de fé como ele do que transmitir a verdade, ainda que isso significasse ir contra a maré da ortodoxia emergente?

A figura de Barnabé, então, é a de um homem devoto, mas também de um pensador independente, alguém que não temia questionar o que parecia ser tomado como verdade. Sua jornada espiritual reflete uma busca incansável pela essência da mensagem de Jesus, não a mensagem filtrada pela estruturação de uma igreja, mas sim a mensagem que ele viu e ouviu pessoalmente. Ele queria preservar aquilo que acreditava ser a verdadeira intenção de Jesus, uma mensagem de amor, compaixão e fidelidade a Deus, uma mensagem que, em sua visão, não precisava de grandiosas interpretações teológicas para ser compreendida.

Em última análise, a trajetória de Barnabé é marcada pelo conflito entre seu desejo de fidelidade à tradição e sua abertura para o novo. Ele queria permanecer fiel às suas raízes judaicas, mas, ao mesmo tempo, sentia-se atraído pela singularidade da mensagem de Jesus. Barnabé, assim, representa o dilema daqueles que tentam conciliar a fé antiga com as revelações de uma nova era. Ele é o reflexo de uma época de transição, de uma luta interna entre a lealdade ao passado e a esperança no futuro.

Sua vida e obra nos desafiam a questionar o papel da tradição e da inovação, e talvez seja exatamente por isso que ele permanece uma figura tão cativante e instigante. Barnabé não foi um personagem secundário no palco do cristianismo primitivo, mas um protagonista que, ao trilhar seu próprio caminho, deixou uma marca indelével na história da fé cristã.

Capítulo 2
Barnabé e os Apóstolos

As relações de Barnabé com os outros apóstolos são marcadas por complexidades e tensões que refletem os desafios do cristianismo nascente em seus primeiros anos. Se Barnabé era um dos primeiros a acolher e a difundir a mensagem de Jesus, ele o fazia com um zelo profundo, mas também com uma perspectiva singular que, muitas vezes, contrastava com a de outros líderes do movimento. Entre Pedro, Paulo e os demais seguidores, Barnabé surge como uma figura que tanto se aliava a seus irmãos de fé quanto defendia uma posição própria e, em muitos aspectos, distinta.

Em um mundo fragmentado por disputas teológicas e diferenças culturais, a relação de Barnabé com os apóstolos transita entre a parceria e a tensão. Ele estava decidido a apoiar a expansão da mensagem de Jesus, mas tinha em mente uma interpretação particular dessa missão, que nem sempre se alinha ao ponto de vista de seus companheiros de evangelização. Essa particularidade o leva a um papel que vai muito além do que os textos canônicos retratam, situando-o como um personagem essencial para a diversificação da interpretação cristã.

Pedro, a quem Jesus teria confiado a fundação da Igreja, e Paulo, o incansável apóstolo dos gentios, emergem como figuras de suma importância para o cristianismo. Mas Barnabé, por mais que sua imagem tenha se apagado diante do protagonismo dos dois, era um homem cuja presença e cujas ideias moldaram o que se tornaria o movimento cristão. Ele caminhava ao lado de Pedro, cujo temperamento impulsivo e convicção sólida o colocavam como uma rocha em meio aos ventos do nascente movimento cristão. Barnabé, no entanto, possuía uma natureza que equilibrava fervor e sensatez. E foi exatamente essa ponderação que o levou a questionar as doutrinas que começaram a surgir.

Quando Paulo entrou em cena, o impacto foi avassalador. A conversão do fariseu perseguidor de cristãos em um evangelizador apaixonado dividiu opiniões entre os seguidores mais próximos de Jesus. O entusiasmo de Paulo por alcançar os gentios e expandir a mensagem para além dos confins da Judeia era, sem dúvida, contagiante, mas também desafiador para aqueles que acreditavam na preservação de certas tradições judaicas. Barnabé, conhecido por seu espírito acolhedor, foi um dos primeiros a estender a mão a Paulo e a introduzi-lo na comunidade cristã, convencendo os demais de sua transformação genuína.

Por um tempo, a relação entre Paulo e Barnabé foi frutífera e produtiva. Unidos por uma visão de fé e transformação, ambos dedicaram-se a viagens missionárias, levando a palavra de Jesus para comunidades em locais distantes e diversificados. Em suas jornadas conjuntas, encontraram uma vasta diversidade de culturas e tradições que desafiavam os conceitos e práticas do cristianismo emergente. Essa convivência com o diferente exigia uma postura de abertura e compreensão que Barnabé dominava, e que Paulo ainda aprendia a manejar.

À medida que o movimento crescia, contudo, as diferenças entre Barnabé e Paulo se tornavam mais evidentes. Barnabé, fiel às suas raízes e profundo conhecedor das leis e tradições judaicas, via no cristianismo uma continuação do judaísmo, enquanto Paulo defendia que o evangelho de Cristo trazia uma ruptura. Para Paulo, a salvação vinha pela fé em Jesus e não pela observância da Lei de Moisés. O que parecia uma diferença de nuances na teologia, porém, evoluiu para uma dissidência fundamental na prática da fé cristã, culminando em disputas que testaram a integridade e a coesão do grupo apostólico.

O ponto de tensão mais conhecido entre Barnabé e Paulo envolvia a questão da circuncisão e outras práticas judaicas tradicionais. Para muitos judeus-cristãos, a circuncisão era não apenas um ato de fé, mas uma marca identitária que os conectava com Deus e com o pacto estabelecido no Antigo Testamento. Para Paulo, entretanto, esse tipo de prática tinha se tornado irrelevante, uma vez que ele acreditava que a nova aliança em Cristo transcendera a velha aliança judaica. Barnabé, por outro lado, via nas tradições judaicas um valor que não poderia ser ignorado.

Essa divergência de visões se tornaria especialmente aguda na cidade de Antioquia, onde a comunidade cristã era formada por judeus e gentios, convivendo e tentando harmonizar suas crenças e práticas. Antioquia foi um ponto de encontro cultural e religioso, e talvez o primeiro grande teste para o que o cristianismo poderia vir a ser. A cidade era cosmopolita, com uma população de origens variadas, e os cristãos ali conviviam não apenas com outros judeus, mas também com seguidores de diversas crenças. Esse contexto multiculturais tornava Antioquia um terreno fértil para as disputas teológicas.

Em uma ocasião que os Atos dos Apóstolos relatam com uma tensão perceptível, Pedro, que inicialmente comia e se associava livremente com os gentios, começou a evitar essa convivência quando um grupo de cristãos vindos de Jerusalém chegou à cidade. Paulo se indignou com a atitude de Pedro, acusando-o de hipocrisia. Barnabé, que até então buscava manter a paz e equilibrar as diferentes visões, dessa vez alinhou-se com Pedro, preferindo evitar um confronto que poderia ameaçar a unidade da comunidade. Esse foi um dos momentos em que as tensões internas ficaram mais visíveis e revelaram que o cristianismo primitivo não era homogêneo em suas crenças e práticas.

A partir desse ponto, as diferenças entre Paulo e Barnabé se tornaram irreconciliáveis. Paulo, decidido a seguir sua própria visão de um cristianismo livre das amarras da Lei, continuou sua missão entre os gentios, enquanto Barnabé optou por outra rota, mantendo-se mais fiel às tradições judaicas e buscando um equilíbrio que respeitasse a diversidade de crenças. Essa separação marcou o fim de uma parceria notável, mas também o início de um cristianismo dividido, com cada facção buscando seus próprios caminhos e interpretações.

Enquanto Paulo continuou a espalhar sua visão do evangelho para as comunidades gentias, Barnabé se dedicou a um ministério mais voltado aos judeus e à preservação de certos aspectos da lei mosaica. A separação dos dois revelou não apenas uma discordância pessoal, mas uma divisão fundamental na maneira de entender o cristianismo. Barnabé não via Jesus como alguém que vinha abolir a lei, mas sim como alguém que a cumpria de maneira exemplar e encorajava seus seguidores a fazer o mesmo. Ele via a inclusão dos gentios como um bem maior, mas acreditava que isso deveria ser feito de modo respeitoso, sem desconsiderar o legado judaico que tanto prezava.

Essa visão de Barnabé sobre o cristianismo o colocou em uma posição solitária, entre os que defendiam uma ruptura radical com o judaísmo e aqueles que acreditavam na necessidade de preservar rigorosamente a tradição. Não era uma posição fácil de se manter, e Barnabé sabia que essa moderação poderia custar-lhe o apoio tanto dos cristãos mais conservadores quanto dos seguidores de Paulo. Mas ele persistiu, guiado pela convicção de que havia uma maneira de conciliar a fidelidade à tradição com a abertura a novos crentes.

O distanciamento de Barnabé em relação aos apóstolos foi, de certa forma, inevitável. Sua inclinação por um cristianismo mais moderado e inclusivo não encontrava total aceitação entre aqueles que defendiam uma linha mais rígida ou mais liberal. No entanto, Barnabé permaneceu fiel ao que considerava ser a essência da mensagem de Jesus: o amor, a justiça e a compaixão, valores que, em sua visão, deveriam transcender as diferenças de origem cultural ou religiosa.

À medida que o movimento cristão ganhava corpo e se expandia para além das fronteiras da Judeia, Barnabé tornou-se um exemplo de líder compassivo e ponderado, alguém que não se deixava levar pelas paixões ideológicas, mas que buscava o entendimento e a harmonia entre os irmãos de fé. Mesmo quando as divergências ameaçavam a unidade da igreja nascente, ele procurava a reconciliação e a compreensão mútua. Sua relação com Pedro, por exemplo, era de respeito e colaboração, mas também de franqueza. Quando necessário, Barnabé era capaz de discordar, mas sempre o fazia com o intuito de construir, não de dividir.

Apesar das diferenças com Paulo e das disputas doutrinárias que marcaram sua relação com outros apóstolos, Barnabé nunca deixou de ser visto como um dos pilares da fé cristã. Sua posição intermediária, entre a tradição judaica e a inovação cristã, oferecia uma alternativa que permitia aos crentes judeus e gentios conviverem sem a imposição de normas restritivas. Ele era um mediador, alguém que buscava reduzir as distâncias entre as diferentes facções do cristianismo primitivo, e sua postura conciliadora fez dele um personagem singular na história da Igreja.

No final de sua vida, Barnabé teria se afastado ainda mais dos círculos apostólicos centrais, dedicando-se à pregação de sua própria visão cristã em terras distantes. Alguns relatos apócrifos sugerem que ele continuou sua missão em Chipre, onde teria fundado comunidades e difundido o evangelho até sua morte. Outros indicam que ele pode ter deixado um legado escrito, o que seria o embrião do controverso Evangelho de Barnabé. Essa obra, embora envolta em mistério e em disputas de autenticidade, revela um conteúdo que reflete a visão diferenciada que Barnabé mantinha sobre Jesus e sua mensagem.

Assim, a história de Barnabé e dos apóstolos é um testemunho das complexidades e das nuances do cristianismo primitivo. Não havia uma única interpretação, mas um mosaico de crenças e práticas que conviviam e se chocavam, tentando encontrar uma forma de expressar a mensagem de Jesus em um mundo plural. Barnabé foi um dos que buscou esse equilíbrio, e, embora sua influência direta tenha sido ofuscada pelos desdobramentos posteriores, sua trajetória revela um cristianismo que valoriza a compaixão, a inclusão e a fidelidade às raízes, sem abrir mão do acolhimento dos novos. É nessa perspectiva que sua relação com os apóstolos, cheia de altos e baixos, se mostra não apenas uma história de disputas, mas um exemplo do esforço de homens que buscavam manter viva a essência de um movimento transformador.

Capítulo 3
O Contexto Histórico

Para entender Barnabé, é indispensável mergulhar no complexo cenário histórico e cultural que moldava a Judeia e o Império Romano do século I. A região estava impregnada por uma profunda expectativa messiânica, um anseio intenso por liberdade e redenção, alimentado pela opressão e pelo desejo de um salvador que libertasse o povo judeu da ocupação romana. Este fervor religioso e a luta por identidade em meio à dominação romana são as bases que fundamentam a trajetória de Barnabé, seus conflitos internos e seu evangelho alternativo.

A Judeia vivia sob o peso da administração romana, submetida a impostos e ao poder de uma força militar implacável que não hesitava em esmagar qualquer insurreição. Os romanos, conquistadores e mestres na arte de controlar territórios, impunham seu domínio através de uma política de tolerância religiosa restrita, que permitia ao povo judeu manter suas práticas e crenças, desde que não ameaçassem a ordem imperial. Era uma paz condicionada ao silêncio. Para o judeu comum, isso significava viver entre duas forças: a obediência religiosa às Leis de Moisés e a submissão forçada ao poder secular de Roma.

No entanto, a resistência era uma marca do povo judeu. Mesmo sob o domínio do império mais poderoso da época, a fé e as tradições permaneciam inabaláveis, profundamente enraizadas nas práticas diárias, nos rituais e nos ensinamentos transmitidos por gerações. Esse embate constante entre a ocupação estrangeira e a preservação das tradições judaicas criou um terreno fértil para o surgimento de seitas e movimentos de renovação espiritual, muitos dos quais centrados na vinda de um messias. Era um tempo em que o povo estava sedento por sinais, e os profetas proliferavam, cada um oferecendo visões de redenção e promessas de uma nova era.

Barnabé nasceu e cresceu em um ambiente moldado por essas aspirações e tensões. Nascido em Chipre, uma ilha sob influência romana, mas profundamente conectada à cultura helênica e judaica, ele se formou entre dois mundos. Os judeus de Chipre, onde a cultura grega era predominante, mantinham-se fiéis às suas tradições religiosas, mesmo em meio ao convívio com os gentios. Essa convivência era um constante exercício de identidade e adaptação, algo que certamente influenciou Barnabé. Ele cresceu com um entendimento mais abrangente das diferenças culturais e desenvolveu uma capacidade de transitar entre judeus e gentios, uma habilidade que se provaria essencial em sua vida como missionário.

As tensões culturais e religiosas não se limitavam ao povo judeu. O Império Romano também enfrentava sua própria crise de identidade, alimentada pela vastidão de seu território e pela necessidade de manter a unidade entre povos diversos. Para os romanos, garantir essa unidade significava promover a paz romana, ou "Pax Romana", um ideal de ordem e estabilidade, mantido pela força e pela imposição cultural. Roma impunha a língua latina, as leis e um panteão de deuses que, se por um lado ofereciam alguma flexibilidade, por outro estabeleciam uma hierarquia onde o imperador era reverenciado quase como uma divindade.

Os judeus, contudo, resistiam a essa imposição cultural. A adoração exclusiva a Javé e a rejeição de imagens e ídolos eram incompatíveis com a política romana de culto ao imperador. Este conflito de interesses era inevitável, e resultava em revoltas, represálias e um clima constante de animosidade entre os judeus e os romanos. Nesse cenário de tensão, Barnabé crescia com uma fé arraigada, uma identidade judaica que resistia aos costumes e práticas dos gentios. Ele observava as lutas e as provações de seu povo e sentia em si mesmo o peso da ocupação e da promessa de redenção.

A Judeia, além de ser um território de valor estratégico para Roma, era também um lugar de importância histórica e religiosa inestimável. Jerusalém, o coração pulsante da religião judaica, abrigava o Templo, símbolo da presença divina e ponto central das práticas religiosas. Esse Templo não era apenas um local de culto, mas o centro da vida espiritual e social dos judeus. Roma, ciente desse valor, mantinha uma vigilância cuidadosa sobre a cidade e o templo, sempre pronta para reprimir qualquer levante. O Templo era o símbolo de esperança e, ao mesmo tempo, o palco das mais profundas angústias e das promessas de libertação que ressoavam em cada canto da Judeia.

Barnabé, como muitos judeus da diáspora, voltava seu coração para Jerusalém. Mesmo tendo nascido em Chipre, onde os judeus eram uma minoria, ele provavelmente visitava a cidade santa, participando dos rituais e absorvendo a espiritualidade intensa que cercava o Templo. Esse vínculo com Jerusalém fortalecia sua identidade e seu desejo de ver a fé judaica renovada e protegida. Quando Jesus surge, atraindo seguidores com suas palavras de amor, justiça e misericórdia, Barnabé, como outros judeus devotos, vê nele um cumprimento das profecias messiânicas, uma esperança de que o tempo de sofrimento e de opressão estava para terminar.

A mensagem de Jesus, com seu chamado à paz, à humildade e à confiança em Deus, oferecia uma visão de mundo completamente oposta à lógica de dominação e poder de Roma. Para os judeus, que aguardavam um messias guerreiro que derrotaria seus inimigos com força e violência, a figura de Jesus representava uma quebra de expectativa, mas também uma abertura para uma compreensão mais profunda de sua fé. Barnabé foi um dos que se deixou tocar por essa mensagem. Ele enxergava em Jesus uma continuidade da lei judaica, mas também uma ampliação dessa lei para abranger a compaixão e o amor ao próximo, valores que transcendiam a rigidez da interpretação legalista da época.

No entanto, essa visão de Jesus como messias pacífico não era universalmente aceita. Muitos viam nas palavras de Jesus uma ameaça ao status quo religioso, e sua crescente popularidade entre o povo fazia dele um alvo para as autoridades tanto judaicas quanto romanas. Os líderes religiosos de Jerusalém, preocupados com a preservação de sua influência e temerosos de uma represália romana, começavam a vê-lo como um perigo. A ocupação romana e o poder do Templo estavam interligados, e qualquer distúrbio que pudesse colocar essa ordem em risco era prontamente reprimido.

Em meio a esse cenário, Barnabé emerge como alguém que busca manter a fé judaica intacta, mas que também sente o impacto das palavras de Jesus. Ele acredita que essa mensagem de amor e perdão pode, de alguma forma, harmonizar-se com a expectativa messiânica do povo judeu, sem necessariamente abrir mão da tradição. Esse pensamento reflete-se nas escolhas e nas ações de Barnabé nos anos seguintes, quando se junta aos apóstolos e abraça a missão de difundir a mensagem de Jesus.

Mas Barnabé não era um homem cego às contradições e aos desafios de seu tempo. Ele via o sofrimento de seu povo, as dificuldades de manter a fé em um ambiente de opressão e a necessidade de mudanças profundas. Sua mente absorvia os conflitos, e ele começava a formular suas próprias interpretações sobre a mensagem de Jesus. Ele desejava um cristianismo que respeitasse as raízes judaicas, mas que também fosse aberto ao mundo gentio. Essa posição, que muitos considerariam utópica, tornava-se o norte de seu ministério, mesmo quando as circunstâncias o afastassem de outros apóstolos e de certas doutrinas que começavam a se consolidar.

O século I também foi marcado por um florescimento de movimentos religiosos e místicos. Além do judaísmo, havia inúmeras seitas, profetas e pregadores que ofereciam novas interpretações das escrituras e prometiam diferentes formas de salvação. Esse pluralismo religioso era uma resposta à opressão romana, mas também ao desejo humano de entender seu lugar no universo. A convivência entre diferentes crenças e filosofias, como o gnosticismo, o estoicismo e o culto aos deuses romanos, formava uma mistura de ideias que influenciava o pensamento de muitas pessoas, inclusive o de Barnabé.

A influência dessas correntes de pensamento sobre Barnabé é difícil de precisar, mas sua abertura ao diálogo com outras culturas sugere que ele não era impermeável às novas ideias. O contato com o helenismo e com os movimentos místicos da época pode ter ampliado sua compreensão sobre o papel do messias e sua missão de propagar uma mensagem universal. Essa visão cosmopolita se torna evidente em suas viagens missionárias e em sua insistência em integrar judeus e gentios na mesma fé. Ele queria construir uma ponte entre essas culturas, criando uma nova comunidade espiritual onde a origem étnica e as diferenças culturais não fossem barreiras.

A missão de Barnabé, no entanto, sempre esteve enraizada em sua profunda devoção ao Deus de Israel. Ele não via sua fé como algo mutável ou negociável, mas como uma verdade eterna, que precisava ser transmitida em sua essência. No entanto, sua experiência e sua sensibilidade cultural o levaram a questionar os limites da ortodoxia e a buscar uma expressão de fé que fosse inclusiva e compassiva. É possível que, para Barnabé, o verdadeiro messias não fosse apenas um libertador do povo judeu, mas um redentor que traria paz a todas as nações.

Assim, o contexto histórico da Judeia e do Império Romano no século I não era apenas o cenário da vida de Barnabé; era o molde que esculpiu seu caráter, suas convicções e seu entendimento sobre a missão de Jesus. Entre as ruínas das esperanças messiânicas frustradas e o peso da opressão romana, ele desenvolveu uma fé que valorizava a tradição, mas que também ousava questioná-la. Em um mundo onde a paz era imposta pela espada, Barnabé acreditava em uma paz que emanava do coração, uma paz que transcendia fronteiras e que, para ele, era a verdadeira mensagem de Cristo.

Barnabé encarnava a tensão entre a continuidade e a renovação. Ele foi um homem de seu tempo, mas também alguém que enxergava além das limitações impostas pelas tradições e pela política de sua época. Seu contexto histórico, então, não foi apenas um pano de fundo, mas um elemento ativo em sua formação espiritual e em sua luta por um cristianismo que respeitasse as raízes judaicas, sem perder de vista o amor e a justiça universais. O mundo em que viveu moldou-o, mas Barnabé, em sua busca pelo divino, também procurou moldar o mundo, oferecendo uma visão que desafiava as doutrinas e promovia a esperança de uma nova aliança.

Capítulo 4
A Lenda do Evangelho de Barnabé

O Evangelho de Barnabé é envolto em mistério, polêmica e disputas de autenticidade que transcendem as barreiras do tempo e da geografia. Surgido como um dos textos apócrifos mais controversos da história cristã, esse evangelho apresenta uma visão radicalmente distinta da figura de Jesus, do papel de Judas e do próprio conceito de redenção. Mas, para entender a dimensão desse evangelho e as razões que o tornaram objeto de tanta controvérsia, é essencial explorar suas origens incertas e as implicações teológicas que ele carrega.

A primeira questão intrigante que cerca o Evangelho de Barnabé é a sua datação. Diferentemente de outros evangelhos apócrifos conhecidos, como os de Tomé e Judas, o Evangelho de Barnabé não possui manuscritos antigos que possam confirmar sua autenticidade ou mesmo sua existência no período do cristianismo primitivo. Os primeiros registros históricos desse texto aparecem séculos depois do tempo de Barnabé, levando muitos estudiosos a questionar se ele realmente foi escrito pelo apóstolo ou por alguém que se inspirou em sua figura para disseminar ideias alternativas sobre o cristianismo.

Acredita-se que os dois principais manuscritos do Evangelho de Barnabé sejam de origem medieval, datados aproximadamente dos séculos XVI ou XVII. Há uma versão em italiano e outra em espanhol, ambas bastante divergentes do conteúdo dos evangelhos canônicos. O que torna a situação ainda mais enigmática é a ausência de referências ao texto em escritos antigos dos primeiros cristãos. Se o evangelho realmente fosse contemporâneo de Barnabé, seria esperado que ele aparecesse nos debates teológicos dos primeiros séculos, mas não há qualquer menção até muitos anos depois, sugerindo que ele pode ser uma obra pseudepigráfica – ou seja, um texto atribuído a Barnabé, mas escrito por outra pessoa.

Apesar dessa incerteza quanto à data de composição, o Evangelho de Barnabé encontrou leitores fervorosos, especialmente entre algumas comunidades muçulmanas, que veem em seu conteúdo uma afinidade com certos ensinamentos islâmicos sobre Jesus. Em particular, o evangelho retrata Jesus como um profeta de grande importância, mas não como o Filho de Deus, ecoando a visão do Alcorão, no qual Jesus (ou Isa, em árabe) é descrito como um profeta e não como uma figura divina. Essa similaridade entre o texto e o pensamento islâmico levou alguns estudiosos a especular que o evangelho pode ter sido escrito ou modificado em um contexto islâmico, possivelmente com a intenção de harmonizar as tradições muçulmana e cristã.

No entanto, a recepção do Evangelho de Barnabé no contexto cristão foi, desde o princípio, de extrema cautela. Durante a Idade Média e o Renascimento, a Igreja Católica e outras denominações cristãs viam com grande suspeita qualquer texto que contradissesse os evangelhos canônicos. O conteúdo deste evangelho em particular representava uma ameaça à ortodoxia, pois suas afirmações desafiavam diretamente as doutrinas centrais da fé cristã. O evangelho descreve, por exemplo, que Judas teria sido crucificado no lugar de Jesus, uma narrativa que contrasta radicalmente com a história da paixão e ressurreição de Cristo como relatada no Novo Testamento. Para os cristãos, a crucificação de Jesus é o ato central de redenção, e qualquer tentativa de recontar essa história representava uma ameaça à integridade teológica da igreja.

A história desse evangelho ao longo dos séculos é uma jornada que passa por diversos contextos culturais, cada um adicionando camadas de interpretação e de mistério. Durante o século XVII, o Evangelho de Barnabé atraiu a atenção de estudiosos e intelectuais na Europa, especialmente devido às controvérsias religiosas da época e às discussões acaloradas entre cristãos e muçulmanos. O texto serviu como uma espécie de ponto de partida para debates inter-religiosos, com estudiosos muçulmanos utilizando o evangelho como evidência de que a visão islâmica de Jesus teria bases mais próximas da realidade histórica.

Além disso, algumas teorias sugerem que o evangelho poderia ter sido uma criação de fontes que buscavam questionar o cristianismo europeu em um período de intensas disputas religiosas. O conteúdo do evangelho, com sua ênfase em um Jesus que nega sua divindade e apresenta Judas como o verdadeiro crucificado, era, para muitos, uma tentativa de minar a influência da igreja na época e abrir espaço para interpretações alternativas da vida de Jesus. Esse aspecto conspiratório, contudo, permanece no campo das especulações, pois até hoje não se conhecem os autores reais desse texto ou as motivações por trás de sua criação.

Ao longo do tempo, o Evangelho de Barnabé passou a ser lido e interpretado como uma fonte apócrifa, mas também como um documento de grande interesse para aqueles que questionam as narrativas tradicionais da vida de Jesus. Se ele é ou não autêntico, se foi escrito ou apenas inspirado pela figura de Barnabé, são perguntas que continuam a intrigar os estudiosos. Muitos argumentam que, independentemente de sua autenticidade, o evangelho serve como um reflexo dos conflitos teológicos que marcaram o cristianismo ao longo dos séculos, expressando vozes que desafiaram a versão dominante da história sagrada.

O impacto do Evangelho de Barnabé nas discussões teológicas modernas não pode ser subestimado. Em um mundo onde o diálogo inter-religioso se torna cada vez mais importante, o texto funciona como uma ponte – ainda que polêmica – entre cristãos e muçulmanos. Sua narrativa, que aproxima a visão de Jesus de uma figura profética em vez de divina, facilita uma aproximação entre as duas religiões. No entanto, ao mesmo tempo, essa interpretação também desperta resistência e controvérsia, pois questiona a essência da teologia cristã que afirma a natureza divina de Cristo e seu papel como o salvador da humanidade.

O enigma do Evangelho de Barnabé se estende, ainda, ao campo das traduções. Como muitos textos antigos, ele sobreviveu em diversas versões, cada uma com suas próprias nuances e modificações. A versão italiana, por exemplo, apresenta certas discrepâncias em relação à versão em espanhol, sugerindo que o texto passou por adaptações, talvez com o objetivo de alinhar-se melhor a determinados contextos religiosos e culturais. Essa multiplicidade de versões aumenta o mistério em torno da obra, já que torna difícil identificar quais partes podem ser consideradas originais e quais foram inseridas posteriormente.

Outro aspecto intrigante do evangelho é o tom narrativo, que difere bastante dos textos canônicos. O autor, ou os autores, parecem direcionar o texto a um público específico, utilizando uma linguagem acessível e uma abordagem direta que contrasta com o estilo literário dos evangelhos do Novo Testamento. Esse detalhe levou muitos estudiosos a considerar que o Evangelho de Barnabé poderia ter sido destinado a um público gentio ou a cristãos convertidos, que ainda não estavam completamente familiarizados com a teologia cristã mais complexa e estavam em busca de uma versão mais simplificada e acessível.

O mistério que cerca o Evangelho de Barnabé só fez aumentar sua popularidade em certos círculos religiosos e acadêmicos, onde ele é estudado como um artefato da diversidade teológica que caracterizou os primeiros séculos do cristianismo. A história de Jesus e Judas narrada neste evangelho, apesar de estar em desacordo com os evangelhos canônicos, oferece um olhar alternativo sobre os eventos que cercaram a crucificação e a ascensão de Jesus, levantando questões sobre as múltiplas interpretações que poderiam ter surgido na época.

Entre os estudiosos modernos, há quem considere o Evangelho de Barnabé um documento crucial para a compreensão da dinâmica religiosa e cultural entre cristãos e muçulmanos ao longo da história. Ele é visto como uma prova da flexibilidade com que o cristianismo foi interpretado ao longo dos séculos e como uma chave para entender as divergências que levaram ao desenvolvimento de tradições tão distintas. Para esses pesquisadores, o evangelho oferece não apenas uma alternativa teológica, mas uma reflexão sobre o poder das narrativas religiosas e sobre como elas podem ser moldadas e reinterpretadas para refletir diferentes valores e contextos culturais.

Outros, porém, enxergam o evangelho com ceticismo, considerando-o uma invenção tardia, motivada por interesses específicos. A ausência de provas concretas de sua existência no início do cristianismo e o fato de ele ter surgido em um período de forte influência islâmica levantam suspeitas sobre sua autenticidade. Para esses críticos, o evangelho é mais uma criação literária do que um relato genuíno dos ensinamentos de Barnabé. Independentemente das interpretações, a existência do Evangelho de Barnabé desafia os estudiosos e suscita discussões que parecem não ter fim.

Ao fim e ao cabo, o Evangelho de Barnabé permanece como uma obra fascinante, cercada por mistérios e disputas. Sua influência, mesmo que marginalizada pela ortodoxia, continua a instigar e a provocar reflexões sobre os limites do que se considera sagrado e verdadeiro. Ele é, ao mesmo tempo, um artefato histórico e um convite à introspecção, uma oportunidade para questionar e compreender a complexidade do cristianismo e o modo como as narrativas religiosas moldam a experiência humana. Barnabé, com seu evangelho apócrifo, resiste como uma figura de contraste e desafio, deixando para a posteridade um texto que inspira tanto fé quanto controvérsia.

Capítulo 5
Atribuição Autoral

A autoria do Evangelho de Barnabé levanta uma das questões mais debatidas e enigmáticas do cristianismo. Quem realmente escreveu esse texto? Seria Barnabé, o apóstolo e companheiro de Paulo, que viveu no século I? Ou o evangelho seria uma criação posterior, um pseudepígrafo produzido séculos após a morte dos primeiros apóstolos, com o intuito de espalhar uma narrativa distinta? No cerne dessa discussão estão elementos históricos, literários e teológicos que complicam qualquer tentativa de atribuir, com certeza, a autoria desse evangelho ao próprio Barnabé.

Para entender a complexidade do tema, é fundamental examinar o contexto em que o Evangelho de Barnabé surgiu e as intenções por trás da prática de pseudepigrafia, comum na literatura religiosa antiga. Em diversas tradições, atribuir um texto a uma figura de autoridade, mesmo que essa pessoa não fosse o verdadeiro autor, conferia legitimidade e amplificava o impacto da obra. Esse artifício literário permitia que ideias novas ou contrárias às doutrinas oficiais ganhassem força e credibilidade, alcançando audiências que, de outra forma, as rejeitariam.

A primeira questão que chama a atenção dos estudiosos é a ausência de referências ao Evangelho de Barnabé em documentos dos primeiros séculos do cristianismo. Nos séculos iniciais, a igreja estava imersa em debates teológicos intensos e na definição do cânone bíblico. Textos apócrifos como o Evangelho de Tomé e o de Judas eram conhecidos e mencionados, mas o Evangelho de Barnabé não aparece nas listas de escritos apócrifos. Essa ausência é um indício poderoso de que o texto pode ter sido composto em um período muito posterior, em que o cristianismo já estava mais consolidado e em que a igreja começava a ver o surgimento de versões alternativas da história de Jesus.

A ausência de manuscritos antigos é outro ponto de dúvida em relação à autenticidade do texto como um evangelho primitivo. Os manuscritos mais antigos conhecidos do Evangelho de Barnabé datam dos séculos XVI ou XVII, um intervalo de tempo considerável entre o século I e a época em que o apóstolo Barnabé viveu. A lacuna temporal faz com que muitos estudiosos considerem impossível que o texto tenha sido escrito pelo próprio Barnabé ou por qualquer um de seus contemporâneos. Em vez disso, é provável que o evangelho tenha sido composto em um contexto histórico mais recente, refletindo as preocupações teológicas e culturais do período em que foi escrito.

A prática da pseudepigrafia, como mencionada, era comum no mundo antigo, especialmente nos escritos religiosos e filosóficos. Atribuir uma obra a uma figura respeitada ou renomada como Barnabé era uma maneira eficaz de garantir que o texto fosse levado a sério, conferindo-lhe uma legitimidade que ele dificilmente teria se fosse atribuído a um autor anônimo ou desconhecido. No caso do Evangelho de Barnabé, essa prática é ainda mais provável, considerando-se o conteúdo do texto, que desafia pontos centrais da doutrina cristã e sugere uma visão alternativa sobre a vida e o papel de Jesus. Um autor anônimo que defendesse tais ideias poderia facilmente ser ignorado ou rejeitado; ao invocar o nome de Barnabé, o autor criava uma ligação com um dos primeiros seguidores de Jesus, reforçando a autoridade e a seriedade de sua mensagem.

Outro ponto intrigante sobre o Evangelho de Barnabé é o conteúdo do próprio texto, que apresenta uma linguagem e uma estrutura literária distintas dos evangelhos canônicos. A narrativa é direta e objetiva, muitas vezes carente da complexidade e das nuances que caracterizam os textos do Novo Testamento. Esse estilo levou muitos estudiosos a considerarem a possibilidade de que o texto foi escrito para um público menos familiarizado com os debates teológicos do cristianismo, possivelmente para leitores que buscavam uma versão simplificada e acessível da vida de Jesus. Além disso, o evangelho contém expressões e conceitos que indicam a influência de culturas e tradições externas ao judaísmo e ao cristianismo primitivo, sugerindo que ele foi criado em um ambiente mais cosmopolita e multicultural, onde as crenças islâmicas e cristãs coexistiam.

A possibilidade de influência islâmica no Evangelho de Barnabé é um aspecto fascinante e frequentemente debatido. O texto contém certas passagens que se alinham com a visão islâmica de Jesus, retratando-o como um profeta venerado, mas negando sua divindade. Esse detalhe despertou o interesse de estudiosos muçulmanos, que interpretam o evangelho como uma evidência de que a visão islâmica de Jesus é mais próxima da verdade histórica. No entanto, essa mesma característica levou muitos acadêmicos a suspeitar que o evangelho poderia ter sido escrito ou adaptado em um contexto islâmico, talvez por autores que buscavam aproximar a teologia cristã das crenças muçulmanas.

O ambiente multicultural do período medieval, especialmente em regiões onde muçulmanos e cristãos viviam lado a lado, pode ter sido um terreno fértil para a criação de um texto como o Evangelho de Barnabé. Algumas teorias sugerem que o evangelho pode ter sido composto em algum ponto entre a Península Ibérica e o Oriente Médio, áreas onde as interações entre cristãos, judeus e muçulmanos eram frequentes e onde debates inter-religiosos sobre Jesus e o cristianismo estavam sempre presentes. Nessas regiões, a criação de um evangelho que apresentasse uma visão alternativa de Jesus teria uma relevância significativa, especialmente se buscava construir pontes entre as diferentes tradições religiosas.

Para muitos teólogos e historiadores, o fato de o evangelho defender uma visão tão diferente da crucificação e ressurreição de Jesus sugere que ele foi escrito por alguém com motivações específicas, talvez um autor que desejava oferecer uma narrativa que se alinhava com crenças islâmicas, rejeitando a divindade de Jesus e a centralidade da crucificação. Essa abordagem, no entanto, também implica que o autor provavelmente conhecia bem as doutrinas cristãs tradicionais, o que sugere que ele poderia ter sido um cristão que, por algum motivo, adotou uma visão alternativa, ou mesmo alguém que simpatizava com o Islã e que desejava oferecer uma ponte entre as duas religiões.

Há, ainda, a possibilidade de que o Evangelho de Barnabé tenha sido uma obra criada com a intenção de minar a doutrina cristã oficial, especialmente durante os períodos de intensas disputas entre cristãos e muçulmanos. Em uma época em que a Europa e o Oriente Médio estavam em constante conflito religioso e militar, a circulação de um evangelho que negava a crucificação e promovia uma visão de Jesus mais próxima da tradição islâmica poderia ser vista como uma tentativa de enfraquecer a autoridade da igreja. Sob essa perspectiva, o evangelho funcionaria quase como um documento de propaganda, uma ferramenta para questionar a narrativa oficial do cristianismo e promover uma visão alternativa.

Por outro lado, muitos estudiosos apontam que, independentemente das motivações ou do contexto em que foi criado, o Evangelho de Barnabé contém elementos que refletem preocupações autênticas sobre a interpretação da mensagem de Jesus. Mesmo que o texto seja pseudepigráfico, ele pode ser visto como uma expressão legítima das diversas correntes de pensamento que permeavam o cristianismo e o judaísmo na época. Esse evangelho é, de certa forma, um testemunho das tensões e dos dilemas que os primeiros seguidores de Jesus enfrentavam ao tentar conciliar as tradições judaicas com a nova fé. Ao atribuir o evangelho a Barnabé, o autor escolheu uma figura que encarnava essa dualidade, um homem profundamente ligado ao judaísmo, mas também comprometido com a disseminação da mensagem de Cristo.

A possível pseudepigrafia do Evangelho de Barnabé também abre uma discussão fascinante sobre a natureza da verdade religiosa e sobre como diferentes comunidades utilizam textos para moldar suas crenças e identidades. Atribuir a Barnabé a autoria desse evangelho reflete o desejo de certos grupos em legitimar uma visão alternativa de Jesus, uma visão que se afasta da narrativa tradicional e que propõe um Jesus mais humano e menos divino. Esse desejo de oferecer uma versão "autêntica" da história de Jesus, ainda que por meio de uma autoria atribuída, revela a importância de Barnabé como símbolo de uma fé que busca reconciliação e entendimento entre diferentes tradições.

Assim, o mistério em torno da autoria do Evangelho de Barnabé permanece não apenas como uma questão histórica, mas como um símbolo das tensões e possibilidades do diálogo entre cristãos e muçulmanos, entre ortodoxia e heterodoxia. A figura de Barnabé, um homem de caráter conciliador e inclusivo, torna-se, nesse contexto, uma ponte entre duas tradições religiosas que compartilham profundas raízes, mas que divergiram em questões fundamentais. A história desse evangelho, seja ele uma criação do próprio Barnabé ou de algum autor posterior, reflete a busca humana por uma verdade espiritual que possa transcender as divisões e oferecer uma compreensão mais ampla e compassiva da figura de Jesus.

Afinal, o Evangelho de Barnabé nos deixa com um enigma que transcende a simples questão da autoria: ele nos desafia a reexaminar as histórias que contamos sobre a fé, a autenticidade e a unidade espiritual.

Capítulo 6
Motivações de Barnabé

As motivações de Barnabé são um mistério tão fascinante quanto o próprio conteúdo de seu evangelho. Ao observarmos o cenário turbulento e religioso de sua época, somado às divergências com outros apóstolos e ao contexto político, é possível começar a desvendar as razões que podem ter levado Barnabé a oferecer uma versão alternativa dos eventos e ensinamentos envolvendo Jesus. Essas motivações se situam entre o desejo de preservar uma visão particular da fé e a necessidade de transmitir uma mensagem que ele acreditava ser mais autêntica e alinhada com as tradições judaicas de sua origem.

Barnabé, ao contrário de alguns dos apóstolos que seguiam a nova fé de forma mais radical, parecia ter um desejo profundo de ver o cristianismo evoluir em continuidade com o judaísmo. Para ele, a fé em Jesus não representava um rompimento com as tradições ancestrais, mas sim uma continuidade, uma atualização da Lei de Moisés e das promessas do Antigo Testamento. A convivência com judeus helenizados em Chipre, sua terra natal, provavelmente intensificou esse sentimento. Sua formação judaica estava impregnada de um respeito profundo pela tradição, o que se reflete nas nuances de sua mensagem, onde o papel de Jesus não é o de uma figura divina salvadora, mas de um profeta que guia o povo, interpretando as escrituras e cumprindo a Lei com uma espiritualidade prática.

É possível que Barnabé tenha sentido que a rápida transformação do cristianismo, especialmente pela influência de

Paulo e pela expansão entre os gentios, ameaçava desvirtuar a essência original da mensagem de Jesus. Em sua perspectiva, a importância de Jesus não estava em um afastamento dos preceitos judaicos, mas em sua interpretação renovadora e em seu convite à compaixão, ao perdão e ao cumprimento dos mandamentos de Deus. Essa visão de Jesus como um profeta da tradição, e não como Filho de Deus, é um dos principais pilares do evangelho atribuído a Barnabé, onde ele parece lutar por uma interpretação que mantenha intacto o laço entre o cristianismo e o judaísmo.

Barnabé estava também consciente do impacto cultural que o cristianismo começava a exercer sobre diferentes povos e regiões. À medida que a nova fé se espalhava por territórios distantes, era inevitável que ela se adaptasse aos costumes e às crenças locais, mas Barnabé temia que essa adaptação viesse à custa da pureza da mensagem de Jesus. Ele enxergava a inclusão dos gentios com certa reserva, pois acreditava que uma integração sem a devida observância da Lei poderia diluir o compromisso com os princípios éticos e espirituais que ele via como fundamentais. Assim, escrever uma versão dos eventos da vida de Jesus poderia ter sido, para Barnabé, uma tentativa de preservar esses valores essenciais, uma forma de assegurar que, mesmo com as mudanças culturais, a essência da fé não se perdesse.

O conteúdo do Evangelho de Barnabé revela um Cristo cuja missão é mais humana e prática, menos centrada em promessas de vida após a morte e mais focada em uma ética de conduta e de amor ao próximo. Para Barnabé, o sentido da salvação estava em viver de acordo com os ensinamentos e exemplos de Jesus, e não apenas em crer em sua natureza divina. Essa diferença marcante de perspectiva entre Barnabé e outros apóstolos, como Paulo, demonstra uma preocupação genuína com a prática religiosa como um meio de transformar a vida cotidiana, com um foco maior em como as pessoas viviam suas vidas e menos em especulações teológicas.

Outro fator que parece ter influenciado as motivações de Barnabé foi sua percepção de que Jesus tinha vindo para reformar o judaísmo, e não para fundar uma religião totalmente nova. Em sua visão, Jesus era um profeta semelhante a Moisés e aos profetas do Antigo Testamento, alguém que chamava o povo ao arrependimento e à fidelidade a Deus. Esse entendimento reflete-se nas ideias centrais do evangelho apócrifo, onde Jesus é descrito mais como um servo fiel de Deus do que como uma figura divina. Para Barnabé, Jesus representava a continuidade do plano de Deus para o povo judeu, um elo entre a antiga aliança e um chamado à pureza espiritual.

As controvérsias em torno da crucificação são outro ponto crucial que evidencia as motivações de Barnabé. O evangelho atribuído a ele afirma que Jesus não foi crucificado, mas sim Judas, uma interpretação que contradiz a doutrina central da maioria das tradições cristãs. Essa visão radical pode ser uma tentativa de Barnabé de afastar a ideia de que a redenção está exclusivamente na morte de Jesus. Ele parece enfatizar, em vez disso, a importância de viver de acordo com os ensinamentos e a lei de Deus. Na visão dele, a crucificação e a ideia de um sacrifício divino poderiam desviar os crentes do verdadeiro propósito da mensagem de Jesus: a transformação moral e espiritual.

Essas ideias mostram que Barnabé estava profundamente comprometido com uma compreensão particular da missão de Jesus e que, para ele, a centralidade da fé estava na prática dos mandamentos divinos e na fidelidade à lei mosaica. Sua resistência à divinização de Jesus e sua rejeição da doutrina da crucificação são, portanto, tentativas de manter o foco em uma prática religiosa que valorizava a moralidade, o serviço ao próximo e o cumprimento da lei.

Há também evidências de que Barnabé pode ter sido motivado pela necessidade de criar uma ponte entre o cristianismo e o judaísmo, buscando evitar que a nova fé se distanciasse demais de suas raízes. Ele acreditava que era possível conciliar a tradição judaica com os ensinamentos de Jesus, e que essa conciliação era crucial para que a mensagem cristã não fosse distorcida ou simplificada. O texto que leva seu nome reflete um profundo respeito pela cultura e pela história judaica, enfatizando a importância de manter essa conexão viva mesmo à medida que o cristianismo se espalhava.

Barnabé, ao ver a importância que os primeiros seguidores de Jesus davam à figura de Paulo e à interpretação mais liberal da Lei, provavelmente se sentiu compelido a deixar uma marca própria, uma visão alternativa que ele julgava mais fiel à essência da mensagem original. Ao produzir um evangelho que enfatizava a humanidade de Jesus e que rejeitava os elementos mais doutrinários da teologia cristã emergente, ele procurava proteger a pureza do cristianismo e impedir que ele se tornasse irreconhecível para os judeus que quisessem se unir ao movimento.

Assim, o Evangelho de Barnabé pode ser visto como uma resposta à doutrina que se consolidava, uma tentativa de preservar a espiritualidade que ele acreditava estar presente nos ensinamentos de Jesus, sem a necessidade de divinizações ou rituais que ele considerava supérfluos. Seu evangelho oferece uma visão em que Jesus é o guia e o profeta, não o objeto de culto, e onde a salvação não está na fé em uma crucificação ou ressurreição, mas em viver de acordo com a lei divina.

Essas motivações de Barnabé não eram apenas pessoais, mas também sociais. Ele queria garantir que o cristianismo permanecesse acessível aos judeus e a outros grupos que valorizavam a ética prática, sem se afastar das raízes religiosas. No entanto, seu evangelho também sugere que ele acreditava em uma universalidade da mensagem de Jesus que ultrapassava as divisões culturais, uma visão que, ironicamente, também era compartilhada por Paulo, embora de forma diferente.

Dessa forma, o Evangelho de Barnabé se torna um texto fundamental para entender não só as motivações individuais de Barnabé, mas também os dilemas e desafios enfrentados por aqueles que procuravam manter o cristianismo próximo de suas origens. Barnabé parece ter desejado preservar uma pureza que ele via ameaçada pela rápida expansão e pela acomodação das doutrinas à cultura gentia. Para ele, a fidelidade à mensagem de Jesus estava em seguir as leis de Deus e viver uma vida dedicada à justiça e à compaixão, sem desvios doutrinários que pudessem ofuscar a simplicidade e a profundidade de sua fé.

As motivações de Barnabé, portanto, revelam um homem profundamente devoto e comprometido com uma visão do cristianismo que ele acreditava ser a mais próxima da verdade. O evangelho atribuído a ele é mais do que um texto; é uma expressão de sua luta interna, de seu esforço em preservar uma fé que valorizava o relacionamento direto com Deus e a prática dos ensinamentos de Jesus.

Capítulo 7
Jesus e Profecias Judaicas

No Evangelho de Barnabé, encontramos uma interpretação singular sobre Jesus, em especial quanto ao seu papel em relação às profecias judaicas. Esse evangelho apresenta Jesus não como o Filho de Deus, mas como um profeta humano, um reformador que veio reafirmar as promessas do Antigo Testamento. Essa perspectiva oferece uma visão messiânica distinta daquela propagada pelos evangelhos canônicos, aproximando-se mais do entendimento que as comunidades judaicas tinham sobre a chegada do messias e de sua função como restaurador das leis divinas.

Para Barnabé, Jesus é aquele que retoma e intensifica a mensagem dos profetas antigos, como Isaías, Jeremias e Ezequiel, sendo ele próprio uma espécie de culminação da tradição profética judaica. No entanto, diferentemente da visão cristã tradicional, onde Jesus é considerado o Messias Salvador e Filho de Deus, o Evangelho de Barnabé destaca um Jesus que se recusa a ser chamado de Deus ou a aceitar qualquer papel que o divinize. Essa negação do caráter divino do messias reflete uma interpretação radical e fortemente influenciada pelo judaísmo tradicional, que sempre manteve uma linha rígida de separação entre o divino e o humano.

O Evangelho de Barnabé reforça a ideia de que Jesus veio, antes de tudo, para restaurar a pureza da Lei de Moisés, uma missão que ele assume não como um libertador político, mas como um guia espiritual. Essa missão estaria profundamente enraizada nas expectativas messiânicas da época, onde muitos judeus esperavam a chegada de um enviado de Deus que traria justiça e restabeleceria o respeito pela Torá. Barnabé interpreta a mensagem de Jesus como um chamado ao arrependimento, à observância da lei e à manutenção de uma vida em conformidade com os ensinamentos mosaicos.

Essa interpretação, aliás, contrasta fortemente com a visão de Paulo, que acreditava que a chegada de Jesus tinha trazido uma nova aliança, uma ruptura com o antigo pacto e a abertura para um cristianismo universal, acessível a gentios e judeus. Barnabé, no entanto, não via na mensagem de Jesus uma ruptura, mas sim uma continuidade. Jesus, em sua opinião, não veio abolir a Lei, mas cumpri-la e ensinar seu verdadeiro significado, algo que ele buscava deixar claro ao longo de seu evangelho.

A importância das profecias judaicas no Evangelho de Barnabé é central. O texto frequentemente se refere a passagens do Antigo Testamento para fundamentar a missão de Jesus como um profeta que cumpre a vontade de Deus. Em várias ocasiões, o evangelho menciona diretamente as promessas de Deus ao povo judeu, reiterando a importância de respeitar essas promessas e de manter a fé nas profecias antigas. Jesus, nesse contexto, é visto como alguém que veio lembrar o povo da necessidade de cumprir a lei e viver de acordo com os mandamentos dados a Moisés.

Essa visão é particularmente interessante porque retrata um Jesus mais alinhado ao judaísmo do que o retratado nos evangelhos canônicos. O evangelho canônico de Mateus, por exemplo, enfatiza o cumprimento das profecias, mas ainda assim apresenta Jesus como o Messias divino. Barnabé, por outro lado, vê as profecias como um lembrete do papel de Jesus como um profeta entre outros profetas, alguém que carrega a missão de renovar a fé judaica sem pretensões de divindade.

A figura de Jesus, portanto, ganha uma nova camada de interpretação no Evangelho de Barnabé: ele é um profeta messiânico, mas não aquele que veio para estabelecer um reino celestial ou trazer uma salvação transcendente. Para Barnabé, Jesus veio para inspirar uma renovação ética, uma transformação da prática religiosa para que o povo judeu se reconectasse com a essência da lei. Esse foco na ética e na observância da lei é um ponto que diferencia o Evangelho de Barnabé dos outros evangelhos e que mostra o quanto ele estava enraizado nas expectativas judaicas.

Barnabé também parece sugerir que Jesus é o messias, mas não no sentido cristão de um redentor divino. A ideia de messias apresentada por Barnabé é a de um líder espiritual, que, à semelhança de Moisés, ensina o povo a viver de acordo com as leis de Deus. Essa visão desafia a doutrina cristã tradicional, pois retira de Jesus o papel de salvador universal e enfatiza a sua função como guia moral e profético. Ele não é um mediador entre Deus e a humanidade, mas sim um exemplo a ser seguido, um homem cujas ações e palavras servem para conduzir outros à retidão.

Esse Jesus profético do Evangelho de Barnabé é profundamente humano. Ele experimenta a dúvida, a angústia e, em algumas passagens, até mesmo o medo. Barnabé retrata um messias acessível, que se coloca como um irmão diante do povo, alguém que compartilha de suas dores e dificuldades. Ao apresentá-lo assim, Barnabé reforça a ideia de que Jesus não veio para ser adorado, mas para ser imitado. O verdadeiro objetivo de sua missão seria levar as pessoas a viverem conforme as profecias e os mandamentos antigos, numa comunhão constante com Deus através da obediência à lei.

Nesse sentido, o Evangelho de Barnabé valoriza a tradição judaica como um caminho suficiente para a salvação, sem a necessidade de elementos novos ou externos. Jesus é, portanto, um cumprimento dessas expectativas, um homem escolhido para dar continuidade ao que os profetas já haviam revelado. Para Barnabé, qualquer tentativa de divinizar Jesus ou de transformá-lo em um ser sobrenatural desvia o foco de sua verdadeira missão e enfraquece a força de sua mensagem.

Essa visão messiânica, que descarta a divindade de Jesus e o vê como um profeta alinhado às profecias judaicas, tem uma ressonância particular com alguns elementos da teologia islâmica. No Alcorão, por exemplo, Jesus é descrito como um profeta, e sua função não é a de um redentor divino, mas a de um servo fiel de Deus que traz uma mensagem de retidão e justiça. Isso sugere que o Evangelho de Barnabé poderia ter sido influenciado, em alguma medida, por ideias islâmicas ou, ao menos, por um ambiente onde o diálogo entre cristãos e muçulmanos era intenso.

Para Barnabé, então, Jesus cumpre as profecias, mas sua missão é relembrar o povo daquilo que já fora prometido e revelado, sem modificar a relação com Deus estabelecida por meio da Lei. A história de Jesus é vista mais como uma renovação do pacto com Deus do que como uma criação de um novo caminho. Dessa forma, o Evangelho de Barnabé se opõe à ideia de uma nova aliança e insiste em que o papel de Jesus é reafirmar o valor da primeira aliança entre Deus e o povo judeu, dando-lhe novo vigor e reafirmando seu propósito.

No desfecho dessa visão profética de Jesus, o Evangelho de Barnabé fornece uma compreensão alternativa sobre a relação entre as profecias judaicas e a vida de Jesus. Barnabé interpreta o messias como um guia que aponta para um caminho de retidão já conhecido, como aquele que convoca o povo a redescobrir os mandamentos. Ele não veio para oferecer uma doutrina nova, mas para restaurar a simplicidade e a clareza da lei divina. Essa interpretação reflete um anseio de Barnabé de que o cristianismo permanecesse próximo de suas raízes, evitando uma ruptura total com o judaísmo e com a essência das profecias.

Assim, o Evangelho de Barnabé revela as nuances de um Jesus que, em vez de redefinir a fé, a ilumina com nova intensidade, mantendo-se profundamente conectado às profecias que o precederam. Esse Cristo profético e humano de Barnabé desafia a teologia dominante, oferecendo uma perspectiva que prioriza a ética e a observância dos ensinamentos tradicionais. Em sua visão, o messias não está no céu, mas na Terra, caminhando ao lado dos homens e compartilhando suas lutas, sempre fiel ao Deus que é um só, sem divindades intermediárias.

Capítulo 8
Cristo como Profeta

No Evangelho de Barnabé, a figura de Jesus é representada principalmente como um profeta, alguém dotado de profunda espiritualidade e sabedoria, mas que mantém sua humanidade intacta. Ele não é o Filho de Deus, nem um ser divino, mas um enviado que carrega a missão de ensinar, exortar e relembrar ao povo as leis e preceitos de Deus. Essa visão de Jesus como profeta, em vez de figura divina, contrasta de maneira notável com os evangelhos canônicos, especialmente com as narrativas de João e Mateus, que estabelecem Jesus como o Filho de Deus, o Verbo encarnado. Em Barnabé, entretanto, o título de "Filho de Deus" é veementemente rejeitado por Jesus, que, segundo o evangelho, considera qualquer tentativa de divinizá-lo uma blasfêmia.

Essa visão é um retorno radical ao papel dos profetas no Antigo Testamento, onde o profeta não era adorado, mas respeitado como alguém que transmitia a palavra e a vontade de Deus. A imagem de Jesus como profeta coloca-o, assim, na linha dos grandes profetas judeus, como Moisés, Isaías e Jeremias. Ele é, nessa perspectiva, um servo de Deus que não veio para ser glorificado, mas para orientar o povo em seu caminho espiritual. Barnabé, ao moldar essa interpretação de Jesus, parece buscar uma figura messiânica que atenda às expectativas do judaísmo tradicional, um messias humano e compassivo, mas não um redentor divino.

No Evangelho de Barnabé, Jesus aparece como um reformador ético, alguém que vem para corrigir os desvios da fé e para apontar o caminho da retidão. A missão de Jesus, nesse contexto, é de grande relevância, pois ele assume a responsabilidade de reavivar os princípios da lei mosaica, alertando o povo para a importância de viver uma vida justa e moralmente correta. Barnabé representa Jesus não como alguém que rompe com a Lei, mas que a reafirma, corrigindo mal-entendidos e interpretando as Escrituras de maneira a enfatizar a justiça e a misericórdia. Assim, ele traz ao povo uma mensagem de arrependimento e purificação, mas sem a expectativa de uma adoração que lhe seria direcionada.

A ideia de Jesus como profeta também ressoa em seu papel de mensageiro, alguém cuja tarefa é lembrar o povo das verdades que, segundo Barnabé, estavam sendo ignoradas ou mal interpretadas. Barnabé enfatiza que Jesus não procura glorificar-se, mas sim glorificar a Deus, sendo um espelho da vontade divina e não uma fonte de poder autônoma. A missão de Jesus seria, assim, reconduzir o povo à pureza da fé, livre de artifícios, focada na prática do bem e na obediência aos mandamentos de Deus. Ele é um guia, não um salvador; um mestre que orienta, mas que nunca se coloca acima de Deus.

O papel de Jesus como profeta também reflete a crítica que Barnabé parece fazer à rápida divinização de Jesus por alguns dos primeiros cristãos. Para Barnabé, ao considerar Jesus como uma figura divina, os seguidores correm o risco de perder o foco na essência dos ensinamentos e, em vez de adotar uma postura de obediência à lei e de transformação moral, transformariam a fé em uma adoração cega e distanciada dos preceitos mosaicos. Esse temor de Barnabé reflete uma preocupação com a preservação do monoteísmo rigoroso, característico do judaísmo, que ele acreditava estar sob ameaça pela adoração de Jesus como Filho de Deus.

Para Barnabé, o verdadeiro propósito de Jesus era trazer os fiéis de volta ao caminho da retidão, oferecendo-lhes uma oportunidade de reconciliar-se com Deus por meio da prática da lei e do arrependimento sincero. Ele rejeita a ideia de um sacrifício divino e voluntário de Jesus como uma maneira de redenção; em vez disso, a salvação, segundo Barnabé, deve ser alcançada por meio da conformidade com as leis e preceitos divinos. Jesus, então, é o exemplo máximo de um ser humano que obedece a Deus em todas as coisas e que guia os outros não pela sua divindade, mas por sua perfeita submissão à vontade de Deus.

No Evangelho de Barnabé, a missão de Jesus não está em sua morte, mas em sua vida e em seus ensinamentos. Ao contrário dos evangelhos canônicos, que centram o ministério de Jesus em seu sacrifício final, Barnabé coloca a ênfase nos atos, nas palavras e na fidelidade de Jesus à lei. Cada milagre, cada cura e cada ensinamento são, para Barnabé, demonstrações do poder de Deus por meio de um de seus profetas, não de um ser divino. Essa diferença é crucial para entender o papel de Jesus como um profeta, pois ele opera sob a autoridade de Deus, não com um poder próprio.

Para Barnabé, a rejeição do título de Filho de Deus é fundamental. Esse título implicaria uma separação entre o único Deus e o próprio Jesus, algo que Barnabé considera inaceitável e contrário à tradição judaica. Jesus, em sua visão, é um ser completamente humano, dotado de virtudes excepcionais e chamado a uma missão especial, mas nunca alguém que mereça uma veneração divina. Sua figura é sagrada na medida em que transmite a palavra de Deus, mas ele é, acima de tudo, um servo, alguém que se prostra diante de Deus, reconhecendo sua condição humana e a supremacia absoluta do Criador.

Essa postura de Barnabé aproxima o Evangelho de uma espiritualidade mais prática e menos teológica, onde a ênfase recai sobre os ensinamentos de Jesus em vez de sua natureza. Ele não é uma figura mística que exige uma compreensão complexa ou uma fé inquestionável, mas um mestre cuja vida deve ser imitada e cujos ensinamentos devem ser aplicados. Para Barnabé, o papel de Jesus é ensinar aos homens a maneira correta de viver e de cumprir a lei, e não de instaurar uma nova aliança ou de conceder uma graça salvadora.

Essa interpretação também levanta questões interessantes sobre a concepção de salvação no Evangelho de Barnabé. Em vez de um sacrifício redentor, a salvação é vista como uma questão de conduta e de obediência. A humanidade de Jesus e sua condição de profeta reforçam a ideia de que cada indivíduo tem a responsabilidade de buscar sua própria salvação, seguindo o exemplo de Jesus e obedecendo aos mandamentos. Essa visão da salvação como um ato de esforço moral pessoal, e não como um dom de um Deus encarnado, aproxima o Evangelho de Barnabé da ética mosaica e das tradições proféticas.

Ao apresentar Jesus como profeta, Barnabé também resiste à ideia da crucificação como um evento redentor. O evangelho sugere que Jesus nunca foi crucificado, mas que Judas foi confundido com ele e executado em seu lugar. Essa narrativa desconstrói a importância da crucificação e da ressurreição, retirando o peso teológico desses eventos e afastando o conceito de um sacrifício necessário para a salvação. Para Barnabé, a mensagem de Jesus está em sua vida e em seus ensinamentos, e não em uma morte trágica e redentora. A rejeição da crucificação, além de se opor diretamente à doutrina cristã tradicional, é também um reflexo da visão de Barnabé sobre o papel de Jesus como profeta humano, cuja missão não exige o derramamento de sangue.

Essa perspectiva em relação à crucificação e ao papel profético de Jesus alinha-se, de certo modo, a visões presentes na teologia islâmica, que também enxerga Jesus como um profeta e rejeita a ideia de sua morte na cruz. Embora o Evangelho de Barnabé tenha surgido em um contexto onde essas ideias islâmicas poderiam ter sido influentes, a figura de Jesus como profeta reforça a conexão de Barnabé com o judaísmo, seu compromisso com o monoteísmo e sua rejeição da divinização de qualquer ser humano.

Barnabé apresenta, então, um Jesus que, como os profetas antes dele, leva a humanidade a se submeter à vontade de Deus, respeitar a Lei e viver uma vida de virtude e devoção. Ele não é um messias redentor, mas um guia, alguém cuja missão é mostrar o caminho e exortar o povo a evitar o erro e a impureza. Esse Jesus de Barnabé é, em última análise, o espelho de um Deus justo e misericordioso, que não exige sacrifícios humanos, mas a obediência e a fidelidade.

A visão de Jesus como profeta é, portanto, central para o Evangelho de Barnabé e para a mensagem que ele busca transmitir. Ela resgata o papel de Jesus como um modelo de conduta, alguém que, por sua devoção e humildade, traz a verdade de Deus ao povo, e que permanece em total reverência e subserviência ao Criador. Essa é a mensagem que Barnabé acredita ser a essência da vida de Jesus: um chamado ao compromisso com a fé e com a justiça, sem a necessidade de mediadores divinos.

Capítulo 9
O Papel de Judas

No Evangelho de Barnabé, Judas Iscariotes surge com um papel singular e radicalmente diferente do que é descrito nos evangelhos canônicos. Enquanto nas narrativas tradicionais Judas é o traidor que entrega Jesus às autoridades em troca de trinta moedas de prata, no Evangelho de Barnabé sua história assume contornos mais complexos, transformando-o de vilão a figura central em um dos maiores mistérios do cristianismo. Nesse texto apócrifo, Judas é confundido com Jesus, e, em um desenlace surpreendente, acaba sendo crucificado em seu lugar. Essa visão alternativa não apenas redefine Judas, mas também oferece uma interpretação inteiramente nova da crucificação e do significado de redenção.

A história de Judas no Evangelho de Barnabé levanta questões teológicas profundas e controversas, principalmente no que diz respeito ao conceito de sacrifício e salvação. Segundo o evangelho, a crucificação de Jesus não ocorre da forma tradicionalmente aceita pelos cristãos. Em vez disso, o que se narra é uma trama que leva à confusão de identidade entre Judas e Jesus. Judas é capturado e morto em vez de Jesus, que, segundo Barnabé, é poupado do sofrimento da cruz. Esse desenlace reescreve a narrativa da paixão e subverte um dos pilares do cristianismo, o sacrifício de Jesus pela redenção dos pecados da humanidade.

O papel de Judas é assim reconfigurado, mas de uma maneira que se afasta completamente da imagem de traição absoluta com que ele é comumente associado. Em Barnabé, Judas torna-se uma figura quase trágica, alguém que, apesar de suas falhas, acaba sendo confundido com Jesus e paga o preço máximo, uma morte terrível e injusta. Essa confusão entre Judas e Jesus reflete a ideia de que as aparências podem enganar e de que os desígnios de Deus são misteriosos. Barnabé, ao escrever essa versão, parece querer enfatizar que a verdadeira identidade e missão de Jesus não dependem de um sacrifício sangrento, mas sim de sua mensagem de amor e obediência a Deus.

A ideia de que Judas foi crucificado no lugar de Jesus serve, também, para reforçar a rejeição de Barnabé à divindade de Cristo e à necessidade de uma redenção pela crucificação. Segundo Barnabé, o verdadeiro objetivo da missão de Jesus não era se sacrificar, mas ensinar e guiar. A crucificação, então, torna-se um episódio desnecessário, fruto de mal-entendidos e de conspirações humanas, e não parte de um plano divino de salvação. Barnabé rejeita assim a teologia cristã tradicional, segundo a qual a crucificação é a culminação do amor de Deus pela humanidade e o ponto central do plano de redenção.

Esse papel de Judas no Evangelho de Barnabé também aborda, de forma indireta, a questão da responsabilidade e da culpa. Se Judas, neste evangelho, termina como um substituto involuntário de Jesus, a ideia de traição assume um novo significado. Não há espaço para a traição clássica, e, em vez disso, há uma narrativa em que Judas, de certa forma, é arrastado para um destino que não escolheu. Barnabé parece sugerir que o sofrimento e a punição podem, em muitos casos, recair sobre aqueles que menos merecem, e que a fé verdadeira não necessita de um ato de traição para afirmar sua força ou seu propósito.

A figura de Judas no Evangelho de Barnabé não é apenas uma subversão da história conhecida, mas um símbolo de como os desígnios divinos podem operar além da compreensão humana. A crucificação, um evento central para o cristianismo tradicional, é reinterpretada como uma tragédia humana, não como uma necessidade espiritual ou divina. Nesse sentido, o sofrimento e a morte de Judas representam um erro humano, um equívoco que não acrescenta mérito espiritual, mas que, paradoxalmente, preserva a pureza e a integridade de Jesus como profeta.

O papel de Judas também levanta uma discussão sobre o valor da crença e da prática religiosa. Para Barnabé, não há necessidade de uma redenção sacrificial; a salvação, de acordo com seu evangelho, está na observância da lei e na vida moralmente íntegra. A crucificação de Judas, em vez de redentora, é uma espécie de justiça irônica, uma forma de enfatizar que o foco da fé não deve estar em rituais de sacrifício, mas no seguimento dos ensinamentos de Deus e na prática de uma vida virtuosa. A narrativa, ao sugerir que a salvação não depende do sofrimento de Jesus, desafia os leitores a questionarem os fundamentos teológicos que tradicionalmente foram associados à crucificação e à redenção.

No Evangelho de Barnabé, a troca de lugares entre Judas e Jesus também pode ser interpretada como uma crítica à superficialidade das aparências e às armadilhas da idolatria. Se Judas foi crucificado por ser confundido com Jesus, isso enfatiza a humanidade e a fragilidade dos julgamentos humanos. A tentativa de transformar Jesus em uma figura divina poderia, para Barnabé, representar um erro similar, um afastamento do que ele considerava ser a essência da fé. Ao contar essa versão da história, Barnabé parece sugerir que a fé autêntica deve estar enraizada na obediência e na justiça, não na adoração cega de figuras ou eventos específicos.

A crucificação de Judas em lugar de Jesus é, portanto, um símbolo de um sistema que falha, de uma religião que pode facilmente se desviar se seus seguidores se concentrarem mais nos ritos e nas aparências do que na essência dos ensinamentos. Barnabé, ao recontar a história dessa maneira, aponta para o perigo de desviar o foco da mensagem para o mensageiro. Jesus, na sua perspectiva, é um profeta, e sua importância está em sua mensagem, não em uma morte dramática e redentora. Dessa forma, o episódio de Judas serve como um alerta sobre os riscos da idolatria e sobre a tendência de os humanos projetarem em outros suas próprias necessidades de adoração.

O conceito de substituição, tão central nessa narrativa, também é visto por alguns estudiosos como uma forma de preservar a santidade e a missão de Jesus, distanciando-o de qualquer envolvimento em atos violentos ou sacrificiais. Barnabé parece afirmar que a verdadeira missão de Jesus não poderia ser manchada por um ato de violência e que, ao contrário das expectativas dos primeiros cristãos, o messias não precisava morrer para salvar. O sacrifício, nesse sentido, é visto não como um ato de redenção, mas como uma falha na compreensão humana sobre a verdadeira natureza de Deus e do profeta.

Nesse contexto, Judas torna-se uma figura ambivalente, alguém que, mesmo sendo associado à traição, acaba desempenhando um papel essencial na preservação da pureza de Jesus. O fato de que Judas tenha sido o substituto de Jesus é visto, no Evangelho de Barnabé, não como uma casualidade, mas como uma manifestação da misericórdia divina. Deus, segundo essa visão, não precisa de um sacrifício de sangue para demonstrar sua justiça ou seu amor pela humanidade. A redenção, portanto, é alcançada por outros meios – pela prática da justiça, pela obediência aos mandamentos e pela compreensão da verdadeira essência do divino.

Essa narrativa de Judas como o crucificado levanta um questionamento fundamental sobre a noção de sacrifício e sua real importância. Se Jesus não precisou morrer para cumprir sua missão, então o conceito de redenção adquire um novo significado, mais ligado ao viver em conformidade com os ensinamentos de Deus do que a um ato sacrificial. A morte de Judas não é redentora, mas um erro, um engano humano que Barnabé usa para demonstrar como a busca por um messias sacrificial pode, na verdade, ser um desvio.

Por fim, o papel de Judas no Evangelho de Barnabé oferece uma crítica implícita à tradição que centraliza a fé em eventos dramáticos e em figuras extraordinárias. Barnabé defende uma religiosidade que se manifesta no cotidiano, que valoriza as pequenas ações e que não se fundamenta em momentos grandiosos de sacrifício, mas em uma vida contínua de respeito aos princípios divinos. A crucificação de Judas, na visão de Barnabé, é uma espécie de advertência contra a inclinação a supervalorizar o sofrimento e o sacrifício, como se eles fossem a única via de aproximação com Deus.

Assim, o papel de Judas no Evangelho de Barnabé é mais do que uma simples troca de personagens; ele é um símbolo da luta de Barnabé para manter o cristianismo fiel à sua essência original, sem os desvios e as complicações introduzidas pela adoração à figura de Jesus como um deus. A história de Judas, como Barnabé a narra, ecoa a ideia de que a fé verdadeira não exige sacrifícios grandiosos, mas sim uma vida vivida em conformidade com os valores de amor, justiça e fidelidade a Deus.

Capítulo 10
A Traição e o Desfecho

A narrativa da traição e do desfecho de Jesus no Evangelho de Barnabé é profundamente divergente daquela encontrada nos evangelhos canônicos. A história do sacrifício de Jesus, interpretada por grande parte do cristianismo como um ato de redenção que selou a nova aliança entre Deus e a humanidade, é substituída por uma interpretação onde a crucificação é um engano, um erro humano que Judas, e não Jesus, sofre em seu desfecho trágico. Para Barnabé, a morte de Judas em vez de Jesus não apenas desafia a doutrina cristã tradicional da redenção pelo sangue, mas sugere uma concepção da salvação baseada em fidelidade e obediência, e não em um sacrifício final.

A famosa cena da traição ganha aqui uma profundidade distinta. Em vez de ser simplesmente o ato de um discípulo desleal, a traição de Judas assume contornos ambíguos, quase inevitáveis, como se ele tivesse caído em um papel predefinido pela fraqueza humana, pelas expectativas de poder e, talvez, por uma compreensão equivocada do papel messiânico de Jesus. Ao trocar a liderança de Jesus por algumas moedas, Judas, ainda que sem total consciência, inicia um processo que culmina com a captura e o julgamento de uma figura que, no entanto, não corresponde a quem ele planejava entregar. O erro, para Barnabé, está na tentativa de subjugar uma missão essencialmente espiritual a um destino forjado pelas intenções humanas.

O desfecho é intrigante. Judas, ao ser confundido com Jesus, passa a desempenhar, involuntariamente, um papel que não era o seu. Ele é preso, julgado e condenado, sem que o engano seja percebido. Barnabé, ao tecer essa trama, parece questionar até que ponto o desejo de redenção e de sofrimento heróico, tão fortemente atribuído a Jesus na tradição cristã, é de fato necessário. Em vez de um sacrifício divino, a crucificação torna-se uma situação trágica, uma punição sem mérito redentor, um erro que reflete o desejo humano de projetar em figuras proféticas o papel de mártir.

A traição de Judas é, neste contexto, tanto um ato de fraqueza quanto um evento que revela a complexidade do relacionamento entre Jesus e seus discípulos. Segundo Barnabé, Jesus não precisava se submeter à morte; sua missão se baseava na propagação da lei divina, na retidão e no compromisso com a mensagem de Deus. A interpretação de Barnabé propõe que a salvação não depende de uma morte sacrificial, mas de uma vida de obediência e de um coração contrito. Ele parece argumentar que o verdadeiro valor da mensagem de Jesus está em seus ensinamentos e em sua vida como um exemplo de retidão.

Outro ponto importante nessa versão da traição e da crucificação é o papel do julgamento divino. Barnabé sugere que Deus, em sua misericórdia, não permitiria que Jesus fosse condenado e executado da maneira cruel descrita nos evangelhos canônicos. A presença de Judas no lugar de Jesus oferece uma reviravolta que Barnabé usa para evidenciar a vontade divina em preservar o profeta, mantendo sua integridade até o fim. Nesse sentido, a substituição de Judas é quase uma intervenção divina, uma maneira de poupar Jesus e de proteger sua missão da corrupção humana.

A narrativa de Barnabé também ressignifica o conceito de sacrifício, que para ele não se realiza em um ato sangrento, mas na fidelidade incondicional a Deus. Ele rejeita a noção de que um sacrifício de sangue seja necessário para redimir a humanidade, apontando que a verdadeira redenção está em seguir o exemplo de Jesus e em observar os mandamentos. A troca de papéis entre Jesus e Judas se torna, assim, um artifício para preservar a mensagem pura de um Deus que prefere a misericórdia e a retidão à violência e ao sofrimento.

O próprio papel de Judas é ambivalente. Por um lado, ele representa a falibilidade humana, o impulso pela ganância e a vulnerabilidade à manipulação, mas, por outro, ele acaba sendo usado para cumprir uma função inesperada, um elemento que preserva a pureza do messias. Judas, ao se tornar o substituto de Jesus na cruz, ilustra a ironia da condição humana, em que o desejo pelo poder e pela posse levam, paradoxalmente, ao sacrifício e ao fim de uma vida. Esse desfecho sugere que Judas, apesar de sua traição, tem uma função quase expiatória, ainda que o evangelho de Barnabé evite atribuir-lhe qualquer valor redentor.

Essa substituição de Judas por Jesus no momento crucial da crucificação é também uma expressão da crítica de Barnabé ao conceito de sacrifício vicário – a ideia de que alguém deve sofrer pelos pecados dos outros para que estes sejam absolvidos. Na visão de Barnabé, tal sacrifício não seria necessário para o perdão divino, e, na realidade, a própria ideia de um Deus que exigiria tal ato contradiria o propósito da lei e da justiça divina. A salvação, para ele, não reside no sofrimento de um inocente, mas no esforço constante de viver segundo a vontade de Deus.

A traição e o julgamento no Evangelho de Barnabé representam uma crítica à maneira como o sofrimento e a expiação foram interpretados pelos cristãos. Para Barnabé, não é o ato de ser crucificado que confere santidade a Jesus, mas sua adesão inabalável à fé e à lei divina. Ele é um profeta que, pela obediência e pelo ensinamento, guia o povo de volta a Deus. O sofrimento e a crucificação são, para Barnabé, produtos de um mundo imperfeito, não ferramentas de redenção. Assim, a história toma a forma de uma advertência: o martírio não é o único caminho, e a adoração a um sacrifício final é, em sua visão, um desvio do verdadeiro significado da fé.

Barnabé também utiliza a narrativa da traição para ilustrar as limitações dos discípulos e de todos aqueles que, movidos pela expectativa de um messias libertador, buscavam em Jesus um líder político ou um salvador sobrenatural. O erro de Judas, nesse evangelho, é um reflexo do erro de muitos – a crença de que Jesus seria um líder de poder terreno e de que a salvação dependia de um evento extraordinário. Barnabé rejeita essa ideia, insistindo que a verdadeira transformação vem da vida moral e do cumprimento das leis.

A escolha de Barnabé em preservar Jesus da morte e relegar Judas ao papel de traidor sacrificado parece querer restituir ao messias uma imagem de integridade que, para ele, não deve ser marcada pela violência ou pela morte. Jesus permanece uma figura de santidade intocada, um profeta que viveu para ensinar e guiar, não para morrer tragicamente. Essa preservação da figura de Jesus representa uma visão de fé que se baseia na vida, no ensinamento contínuo e na renovação da obediência, não na morte.

No final das contas, a reinterpretação da traição e do desfecho de Jesus no Evangelho de Barnabé revela uma teologia de preservação e não de sacrifício. A traição de Judas torna-se, assim, uma manifestação das falhas humanas, enquanto a intervenção divina na forma de sua substituição na cruz apresenta uma visão de um Deus compassivo que não exige o sofrimento de seus profetas para redimir a humanidade. Essa narrativa convida os fiéis a focarem menos na morte de Jesus e mais em seu exemplo de vida.

O desfecho que Barnabé cria para a trajetória de Jesus simboliza uma ruptura com a centralidade da cruz, propondo uma espiritualidade mais prática, onde a redenção se encontra no compromisso com a lei e no esforço moral. Jesus é preservado para que a fé se foque não em sua morte, mas em sua mensagem, em uma vivência que desafia a dor e a violência.

Capítulo 11
Conceito de Pecado Original

No Evangelho de Barnabé, o conceito de pecado original adquire uma interpretação particular, que difere profundamente da visão apresentada pelos evangelhos canônicos e pelos textos da tradição cristã. Essa diferença tem implicações fundamentais para a compreensão de redenção e da missão de Jesus, bem como para o entendimento do relacionamento entre Deus e a humanidade. Enquanto no cristianismo tradicional o pecado original é visto como a mancha primordial que separa o homem de Deus e exige um sacrifício redentor, no Evangelho de Barnabé essa perspectiva se torna mais atenuada, colocando maior ênfase na responsabilidade individual e na possibilidade de perdão através da observância da lei divina.

A doutrina tradicional do pecado original sustenta que, com a queda de Adão e Eva, o pecado entrou no mundo e se transmitiu a toda a humanidade. Dessa forma, cada ser humano nasce em um estado de afastamento de Deus, necessitando de redenção para ser reconciliado com o Criador. Esse princípio fundamenta a necessidade da encarnação de Jesus como Filho de Deus e, consequentemente, de sua crucificação como um sacrifício redentor para remir a humanidade. No entanto, o Evangelho de Barnabé oferece uma visão em que o pecado original não demanda um sacrifício divino, mas sim uma vida orientada pela retidão e pela adesão à lei.

Para Barnabé, a humanidade não está condenada irremediavelmente pelo pecado de Adão. Ele sugere que cada pessoa é responsável por seus próprios atos e que a graça divina está ao alcance daqueles que seguem o caminho correto. No lugar de uma natureza pecaminosa herdada, Barnabé enfatiza a ideia de que o ser humano possui a capacidade inata de escolher entre o bem e o mal e, assim, de viver uma vida moral que o aproxime de Deus. Essa visão de responsabilidade pessoal distancia-se da noção de um pecado coletivo, argumentando que o verdadeiro obstáculo à comunhão com Deus está nas escolhas de cada indivíduo, não em uma herança inevitável.

Ao oferecer uma alternativa para o conceito de pecado original, o Evangelho de Barnabé coloca em primeiro plano o valor da prática moral como caminho para a salvação. Nesse evangelho, o papel de Jesus é ensinar e orientar, não sacrificar-se para remover um pecado intrínseco e inescapável. A mensagem de Jesus, segundo Barnabé, não é sobre a redenção pelo sangue, mas sobre a necessidade de uma conversão sincera e de uma vida de obediência a Deus. A expiação não está em um ato sacrificial, mas em um viver moral e justo.

Essa visão da redenção sem o pecado original redefine a missão de Jesus como um mensageiro divino cujo propósito é orientar o povo a seguir os mandamentos. A figura de Jesus no Evangelho de Barnabé não precisa de um sacrifício final para cumprir seu propósito; sua missão é ilustrar o poder do arrependimento e da retidão, que, segundo Barnabé, podem aproximar o homem de Deus sem a necessidade de intermediários ou de rituais específicos de expiação. Essa perspectiva coloca o foco em uma salvação que depende do esforço humano em cumprir a lei divina e, portanto, em uma conexão direta e ativa entre o fiel e Deus.

Ao rejeitar a necessidade de um sacrifício divino para remir o pecado original, o Evangelho de Barnabé promove uma relação mais direta entre o indivíduo e o Criador, afastando-se da ideia de que o pecado de um é transmitido a todos. Barnabé insiste que o ser humano tem, em sua essência, a capacidade de escolher o caminho correto, e que as Escrituras são o guia necessário para seguir esse caminho. Assim, o Evangelho de Barnabé rejeita a ideia de um Deus que exige sacrifício como condição para o perdão, argumentando que a misericórdia de Deus está sempre disponível aos que vivem conforme sua lei.

Essa abordagem ao pecado e à redenção implica que a missão de Jesus é primariamente pedagógica, e não sacrificial. Ele é, portanto, o exemplo máximo de obediência a Deus, alguém que demonstra que a humanidade pode viver conforme os preceitos divinos sem que para isso precise expiar uma culpa universal. A responsabilidade pela salvação repousa sobre cada pessoa, que deve seguir os ensinamentos de Jesus e dos profetas que o precederam. O foco de Barnabé está em uma espiritualidade ativa, que envolve o fiel no cumprimento das leis como uma forma de vida e devoção, e não em uma dependência de um ato único de redenção.

Barnabé também introduz um entendimento de Deus como um ser cujo amor e compaixão não exigem pagamento ou sacrifício humano. Essa visão difere profundamente da tradição cristã que entende a crucificação de Jesus como uma manifestação do amor divino que perdoa o pecado original. Ao invés disso, no Evangelho de Barnabé, a graça divina é concedida diretamente àqueles que demonstram um compromisso autêntico com a obediência e a prática da virtude. O ato de seguir a lei é, portanto, a verdadeira forma de expiação e a base para a comunhão com Deus.

A ausência de um pecado original hereditário também transforma o conceito de justiça divina em Barnabé. Se a redenção não é necessária para remover uma culpa herdada, então a justiça de Deus é mais uma questão de orientação e misericórdia do que de punição ou recompensa. Isso significa que cada ato humano é medido de acordo com o compromisso individual em seguir os mandamentos e manter uma vida virtuosa. Para Barnabé, Deus não exige de seus filhos uma perfeição inalcançável, mas sim uma adesão sincera e constante à lei, o que torna a fé um caminho de prática e não de culpa.

Outro aspecto dessa interpretação é que, sem o pecado original, a vida de Jesus se torna um modelo de fidelidade, e não de redenção sacrificial. Jesus aparece como um guia prático que ilumina o caminho da justiça e da compaixão, convidando todos a imitar seu exemplo. A sua mensagem, então, é de um retorno à observância, em que o cumprimento dos mandamentos é a expressão máxima do amor a Deus. Essa ênfase em uma fé vivida, e não redentora, sublinha a centralidade da prática e da obediência como as vias principais para alcançar a bênção divina.

A perspectiva de Barnabé também se distancia das doutrinas de graça e justificação que, no cristianismo tradicional, justificam a necessidade de um salvador divino. Se o pecado original não é herdado e a salvação está ao alcance de cada indivíduo pela prática do bem, então a justificação se torna um processo ativo, e não algo concedido pela graça através de um sacrifício divino. Dessa maneira, Barnabé redefine a relação entre Deus e a humanidade, promovendo uma visão de justiça que não depende de mediações, mas do mérito moral e da disposição de cada fiel em viver segundo os ensinamentos divinos.

Ao rejeitar o pecado original e a necessidade de um sacrifício redentor, o Evangelho de Barnabé propõe uma forma de espiritualidade que é simultaneamente rigorosa e acessível. Rigorosa, porque exige a fidelidade à lei e a prática constante da virtude, sem a promessa de uma redenção fácil. Acessível, porque coloca a salvação ao alcance de todos os que escolhem esse caminho, independentemente de uma intervenção divina extraordinária. Essa abordagem destaca um compromisso ético que se apoia na responsabilidade individual e na possibilidade contínua de perdão por meio da retidão e do arrependimento.

Dessa forma, o conceito de pecado original no Evangelho de Barnabé tem implicações vastas e transformadoras para o entendimento da fé, da moral e da redenção. Em vez de um fardo imposto por gerações, o pecado é visto como algo que cada um pode evitar ou reparar por meio da escolha e da obediência. Barnabé nos oferece uma visão de espiritualidade em que o divino não está distante nem é inacessível, mas sim presente na vida cotidiana, chamando cada fiel à responsabilidade e à ação direta na busca da virtude e do bem.

Capítulo 12
A Missão de Jesus

No Evangelho de Barnabé, a missão de Jesus ganha contornos distintos, definidos menos pela redenção sacrificial e mais por uma tarefa de reavivar e restaurar a lei divina. Jesus não aparece como uma figura divina ou como o Salvador absoluto da humanidade, mas sim como um profeta com uma missão de guiar e instruir, orientando as pessoas de volta ao caminho de Deus. Essa abordagem à missão de Jesus contrasta diretamente com a visão canônica e ressignifica o papel dele, aproximando-o dos profetas que vieram antes dele, especialmente Moisés, cuja missão era comunicar a vontade de Deus ao povo.

Para Barnabé, o foco central da missão de Jesus está em sua capacidade de ensinar e de interpretar as leis e profecias judaicas de maneira que o povo pudesse compreender e praticar em sua vida cotidiana. Barnabé apresenta Jesus como alguém que exorta as pessoas à observância fiel dos mandamentos, à retidão moral e à simplicidade de espírito. Ele é um guia que aponta para um retorno à tradição, uma reaproximação dos valores essenciais que sustentam a fé. Essa visão enfatiza o valor da prática moral e a observância das leis de Deus como o verdadeiro caminho para a salvação, dispensando uma redenção que necessite de um sacrifício final.

O Evangelho de Barnabé pinta a figura de Jesus como alguém que realiza milagres e realiza sinais, mas sempre com o objetivo de fortalecer a fé e de revelar a misericórdia de Deus, não de atestar sua própria divindade. Esses milagres, portanto, são descritos não como demonstrações de poder pessoal de Jesus, mas como atos que revelam a proximidade de Deus com aqueles que o seguem. Barnabé posiciona Jesus como um instrumento divino, cujas ações exemplares ensinam como viver uma vida plena de compaixão, justiça e humildade, e não como alguém a ser adorado.

A narrativa de Barnabé apresenta Jesus como um reformador do judaísmo, chamando as pessoas de volta aos fundamentos da fé mosaica. Em vez de criar um novo pacto ou de introduzir uma nova religião, Barnabé retrata Jesus como alguém que reforça os ensinamentos de Moisés e dos profetas, buscando eliminar as práticas que se afastaram da pureza original da lei. Esse papel de Jesus como reformador é visto nas suas interações com as autoridades religiosas da época, que o confrontam devido à sua interpretação estrita e desapegada dos formalismos religiosos que, segundo Barnabé, haviam desviado o povo do verdadeiro espírito da lei.

Esse papel de Jesus como um reformador crítico das práticas religiosas corroídas é evidente na forma como ele desafia os padrões estabelecidos pelos sacerdotes e fariseus, acusando-os de hipocrisia e de ter se afastado do verdadeiro propósito da fé. No Evangelho de Barnabé, Jesus critica as estruturas que exploram e corrompem a relação do povo com Deus, e sua missão é purificar a fé, removendo as camadas de tradição humana que obscureceram o mandamento divino. Ele prega a simplicidade e a pureza de coração, buscando restaurar a fé em sua essência mais prática e menos institucionalizada.

Barnabé também coloca grande ênfase na humildade de Jesus como parte integral de sua missão. Jesus, no Evangelho de Barnabé, nunca busca reconhecimento pessoal e, em várias passagens, rejeita qualquer tentativa de elevá-lo a uma posição de adoração. Ele se identifica como um servo de Deus e recusa veementemente os títulos que sugerem uma natureza divina. Esse traço de humildade é fundamental para Barnabé, pois o afasta da imagem de um salvador exaltado e o aproxima da figura de um profeta compassivo e acessível, alguém cuja maior força está em sua lealdade à vontade de Deus, e não em atributos sobrenaturais.

A missão de Jesus, segundo Barnabé, tem como principal objetivo preparar o caminho para a chegada de outro profeta, um último mensageiro que traria a plenitude da revelação divina. Essa ideia de Jesus como precursor de um novo profeta é uma das características mais notáveis e controversas do Evangelho de Barnabé, diferenciando-se radicalmente da crença cristã tradicional de que Jesus é o ápice da revelação de Deus. Aqui, Barnabé sugere que Jesus é um elo em uma cadeia de profetas, uma figura importante, mas que aguarda e aponta para algo maior que está por vir. Essa visão se alinha, em certo grau, a certos conceitos do islamismo sobre a função de Jesus como profeta, o que desperta discussões sobre possíveis influências culturais sobre o texto.

Essa perspectiva de Barnabé não só redefine o papel de Jesus, mas também questiona a própria ideia de uma missão que exige a adoração ao mensageiro em vez de uma prática da mensagem. Jesus, em vez de se apresentar como um caminho exclusivo de salvação, surge como um exemplo a ser seguido, um guia que direciona os homens a viverem em conformidade com os preceitos divinos. A importância de Jesus, então, está em seu ensinamento e em sua dedicação à verdade, e não em sua divinização. Para Barnabé, a missão de Jesus é essencialmente ética e instrutiva, um convite à vida moral e à observância dos mandamentos.

Barnabé rejeita a ideia de uma missão que culmina em um sacrifício final, afastando-se da concepção cristã da crucificação como um ato redentor. Em seu lugar, ele apresenta um Jesus que realiza sua missão plenamente na orientação e no exemplo de retidão, não necessitando de um sacrifício de vida para completar sua tarefa. Esse Jesus não morre na cruz, pois, segundo Barnabé, ele não precisa morrer para que o homem encontre o caminho para Deus. A verdadeira missão de Jesus está em sua vida, em suas palavras e em seus atos de caridade e justiça, que demonstram o poder da fé e a proximidade com o Criador.

No coração da missão de Jesus, como descrita por Barnabé, está o conceito de uma reforma interior que cada indivíduo é chamado a realizar. Em vez de enfatizar um evento histórico que ofereça salvação, Barnabé propõe uma transformação contínua e pessoal, em que a observância e a moralidade tornam-se a base da comunhão com Deus. A missão de Jesus é trazer luz e compreensão, orientar o povo na prática da caridade e da compaixão e, ao mesmo tempo, recordar-lhes o poder do arrependimento sincero e da obediência aos mandamentos divinos.

A missão de Jesus, para Barnabé, também contém um aspecto universal. Ele não é apenas um mestre dos judeus, mas alguém que, com sua mensagem de retorno à lei, oferece uma perspectiva de fé que pode ser adotada por todos os que desejam seguir a vontade de Deus. Seu ensinamento não se restringe a uma nação, mas alcança todos os que estão dispostos a viver uma vida de retidão. Esse caráter universal, contudo, não implica uma nova aliança ou um rompimento com o judaísmo; pelo contrário, é uma expansão do espírito da lei, que, segundo Barnabé, pode ser seguida independentemente de um sistema ritualístico específico.

Esse entendimento da missão de Jesus leva Barnabé a apresentar uma visão do messias que transcende as divisões religiosas e os conflitos teológicos. Jesus torna-se o exemplo de um mensageiro comprometido não com uma doutrina específica, mas com a prática da virtude. Ao rejeitar o título de Filho de Deus, ele se posiciona como um líder de espiritualidade, um guia que revela o poder transformador da fé em Deus, que pode ser compreendida e aplicada por qualquer pessoa. Para Barnabé, a missão de Jesus é mais do que um evento histórico; é um chamado eterno para a humanidade.

Por fim, essa concepção da missão de Jesus no Evangelho de Barnabé demonstra um ideal de religiosidade que busca o caminho da simplicidade e da prática moral. A importância do cumprimento da lei, da compaixão e da humildade são os elementos centrais que definem a vida e a missão de Jesus, afastando-o da narrativa de sacrifício e divinização. Barnabé sugere que a verdadeira grandeza de Jesus não está em sua morte, mas em sua capacidade de despertar em seus seguidores o desejo por uma vida mais pura e uma fé que se manifeste em ações concretas e dedicadas à vontade de Deus.

Capítulo 13
O Islã e o Evangelho de Barnabé

O Evangelho de Barnabé contém elementos que ressoam com a visão islâmica sobre Jesus, conhecida no Alcorão como Isa, o profeta. A narrativa desse evangelho, que rejeita a divinização de Jesus e o apresenta como um mensageiro de Deus em vez de como Filho de Deus, cria uma proximidade com os ensinamentos islâmicos que reconhecem Jesus como profeta, mas negam sua divindade e a crucificação. Esse alinhamento tem gerado ao longo do tempo intensas discussões sobre se o Evangelho de Barnabé foi influenciado pela teologia islâmica, ou mesmo se o texto foi composto em um contexto onde o islamismo já exercia influência cultural e religiosa.

No Alcorão, Jesus é apresentado como um dos grandes profetas enviados por Deus para guiar a humanidade. Ele é reconhecido como nascido de Maria de maneira milagrosa, mas é identificado claramente como servo de Deus, em oposição à teologia cristã que o enxerga como o Filho divino e eterno de Deus. A visão do Evangelho de Barnabé sobre Jesus espelha essa perspectiva: Jesus é um homem escolhido por Deus para ensinar e alertar, e não para ser adorado. Ele é descrito como fiel à lei judaica e como aquele que profetiza a vinda de outro mensageiro, interpretado por muitos como uma referência a Maomé, o profeta do islamismo.

Essa afinidade doutrinária entre o Evangelho de Barnabé e a teologia islâmica levanta questões sobre a autenticidade e a possível origem do texto. Muitos estudiosos sugerem que o evangelho pode ter sido escrito ou adaptado em um ambiente islâmico, especialmente nos séculos posteriores ao surgimento do islamismo, como forma de apresentar uma versão da vida de Jesus que se alinhe mais com a visão muçulmana. O texto de Barnabé reforça a rejeição da crucificação, alegando que Jesus não foi crucificado, mas que Deus o salvou de seus inimigos, um tema que também encontra paralelo no Alcorão, onde se afirma que Jesus não foi morto, mas elevado ao céu.

A ênfase do Evangelho de Barnabé em Jesus como profeta pode ser vista como um reflexo das crenças muçulmanas sobre a missão e a natureza de Jesus. Para Barnabé, Jesus nunca se coloca como redentor ou salvador, mas como um guia e um modelo de vida fiel à vontade de Deus. Essa representação assemelha-se à função dos profetas no islamismo, que são mensageiros, mas não deuses ou seres divinos. Além disso, a narrativa que descreve Judas como substituto de Jesus na crucificação está alinhada com a crença islâmica de que Deus salvou Jesus de uma morte tão humilhante, uma posição que contrasta fortemente com a visão cristã da cruz como ato central de redenção.

A influência do Islã também se manifesta em passagens do Evangelho de Barnabé onde Jesus profetiza a chegada de um "Grande Profeta", que muitos interpretam como uma referência a Maomé. Essa previsão da chegada de outro profeta é uma característica única desse evangelho e não se encontra nos textos canônicos do cristianismo. Esse detalhe sugere que o autor do evangelho estava consciente das reivindicações islâmicas sobre Maomé como o último profeta, o que corrobora a teoria de que o texto pode ter sido criado ou modificado em um contexto islâmico.

Apesar dessas semelhanças, a conexão entre o Evangelho de Barnabé e o Islã não é uma prova definitiva de que o texto tenha sido influenciado diretamente pela religião muçulmana. Em vez disso, pode ser que o evangelho seja uma tentativa de reconciliar ideias das duas tradições, oferecendo uma narrativa alternativa sobre Jesus que pudesse ser aceita por ambos os grupos, cristãos e muçulmanos. Esse tipo de sincretismo religioso não era incomum em regiões como o Oriente Médio e o norte da

África, onde diferentes crenças conviviam e frequentemente se influenciavam mutuamente.

O contexto histórico em que o Evangelho de Barnabé pode ter surgido também desempenha um papel importante na compreensão dessas afinidades com o Islã. Durante a Idade Média, especialmente nas regiões sob influência islâmica, o cristianismo e o Islã coexistiam e dialogavam, às vezes de maneira conflituosa, outras vezes em busca de entendimento mútuo. Nesse ambiente, um texto como o Evangelho de Barnabé poderia ter sido visto como uma ponte teológica, uma maneira de apresentar uma visão de Jesus que respeitasse as sensibilidades islâmicas e, ao mesmo tempo, não ofendesse os princípios fundamentais do monoteísmo judaico.

A aceitação do Evangelho de Barnabé em certos círculos islâmicos ao longo dos séculos foi, portanto, compreensível, dado que o texto parece oferecer uma versão de Jesus mais compatível com o ponto de vista muçulmano. Muitos estudiosos muçulmanos adotaram o Evangelho de Barnabé como um testemunho autêntico das verdadeiras palavras de Jesus, vendo-o como uma alternativa legítima aos evangelhos canônicos, os quais consideram corrompidos ao longo do tempo. No entanto, a aceitação do evangelho entre muçulmanos não é unânime. Alguns estudiosos islâmicos rejeitam o texto, afirmando que ele não faz parte das revelações aceitas pelo Islã e que sua origem é suspeita.

A ideia de que o Evangelho de Barnabé poderia ser uma obra de conciliação entre cristãos e muçulmanos também encontra eco em sua rejeição da doutrina da Trindade, que é um dos pontos centrais de divergência entre as duas religiões. No texto de Barnabé, Jesus reafirma a unicidade de Deus, alinhando-se com a doutrina islâmica de tawhid, que enfatiza a indivisibilidade de Deus. Essa postura antitrinitariana seria atraente para os muçulmanos e também para certas correntes minoritárias do cristianismo que questionavam a natureza da Trindade e a divinização de Jesus.

Ainda assim, a presença desses temas e de uma narrativa tão próxima ao Islã não elimina a possibilidade de que o

Evangelho de Barnabé seja, em parte, fruto de um ambiente onde cristãos com influências judaicas buscavam afirmar uma interpretação alternativa da figura de Jesus. Essa interpretação, que rejeita a crucificação e evita a ideia de um messias divino, poderia ter surgido independentemente do Islã, embora o contexto islâmico posterior tenha influenciado sua recepção e ampliação.

Outro ponto importante para compreender essa ligação entre o Evangelho de Barnabé e o Islã é a representação das leis de Moisés, que no texto são respeitadas e seguidas por Jesus. Essa fidelidade à lei judaica também é um aspecto destacado no Islã, onde Moisés é reverenciado como um profeta importante e as leis mosaicas são vistas como parte da revelação divina. O Jesus do Evangelho de Barnabé não introduz uma nova lei, mas reafirma a importância da lei existente, algo que se alinha com a visão islâmica de continuidade entre as mensagens dos profetas.

A influência do Islã sobre o Evangelho de Barnabé ou a sua recepção nos meios islâmicos aponta para uma tentativa de explorar pontos em comum entre as duas religiões, especialmente em um período de frequentes tensões e debates religiosos. O evangelho fornece uma imagem de Jesus que se encaixa em um perfil profético, reforçando a ligação entre os valores e ensinamentos das religiões abraâmicas e sugerindo um Jesus que, em vez de dividir, poderia ser uma figura de unificação.

Essa possível reconciliação, no entanto, encontra limites significativos, já que a narrativa proposta por Barnabé vai contra o núcleo do cristianismo ortodoxo, para o qual a crucificação e a ressurreição são fundamentais. Nesse sentido, o Evangelho de Barnabé se torna não apenas um texto alternativo, mas uma visão que subverte o simbolismo cristão e desafia a teologia da Igreja, aproximando-se de uma perspectiva que vê em Jesus uma figura de renovação ética e não de redenção sacrificial.

Assim, o Evangelho de Barnabé e sua relação com o Islã revelam um cruzamento teológico e cultural que levanta discussões sobre identidade, autenticidade e interpretação. Ele permanece como um texto controverso, possivelmente adaptado ao contexto islâmico ou criado com a intenção de harmonizar dois universos religiosos que, embora distintos, compartilham raízes e temas semelhantes. Se o texto foi influenciado pelo Islã ou não, ainda é motivo de debate. Contudo, sua afinidade com a visão islâmica de Jesus e seu papel como uma espécie de elo teológico entre o Islã e uma versão alternativa do cristianismo sublinha a complexidade de sua origem e o torna um documento significativo para o entendimento das interseções entre as tradições religiosas abraâmicas.

Capítulo 14
Conceitos Apócrifos no Evangelho

O Evangelho de Barnabé é marcado por conceitos apócrifos que desafiam as narrativas dos evangelhos canônicos e oferecem uma interpretação profundamente distinta dos eventos e das figuras centrais do cristianismo. Estes conceitos revelam uma teologia que se afasta das doutrinas estabelecidas pela Igreja, abordando temas que vão desde a natureza de Jesus até o papel da crucificação, o conceito de redenção e a missão de Judas. Esses elementos apócrifos foram recebidos ao longo dos séculos com curiosidade e controvérsia, levantando questões sobre a autenticidade, as influências e os objetivos por trás desse evangelho singular.

Os evangelhos canônicos de Mateus, Marcos, Lucas e João são amplamente aceitos e venerados como as narrativas essenciais sobre a vida de Jesus e o alicerce da doutrina cristã. Em contraste, o Evangelho de Barnabé, com seus conceitos apócrifos, contraria essa estrutura, apresentando interpretações que colocam em dúvida a base teológica da igreja. Um desses conceitos é a visão de Jesus como profeta humano, um mensageiro de Deus que não é divino nem o Filho de Deus. Para Barnabé, Jesus é um profeta respeitável, que realiza sua missão como um guia moral e espiritual, alinhando-se mais ao papel dos profetas do Antigo Testamento do que à imagem do Cristo redentor.

Essa perspectiva apresenta Jesus de forma radicalmente diferente, afastando-se da ideia de um messias que encarna o próprio Deus. O Evangelho de Barnabé, ao negar a divindade de Jesus, está alinhado a uma visão apócrifa que remonta a algumas tradições judaicas que viam o messias como um libertador ou um líder inspirado, mas não como uma figura divina. Esse ponto de vista, por mais heterodoxo que pareça, ecoa certas correntes do judaísmo do século I e pode ser compreendido como uma tentativa de Barnabé de manter a fé cristã enraizada no monoteísmo rigoroso, semelhante ao judaísmo e ao islamismo.

Outro conceito apócrifo que o Evangelho de Barnabé incorpora é a substituição de Judas por Jesus na crucificação, um tema que não encontra paralelo nos evangelhos canônicos. Segundo o texto de Barnabé, Judas é confundido com Jesus e acaba sendo crucificado em seu lugar. Esse conceito altera a centralidade da cruz no cristianismo, desafiando a ideia de que a morte de Jesus foi um sacrifício redentor. A narrativa sugere que a crucificação foi um erro humano, uma execução de uma figura equivocada, e que Deus, em sua misericórdia, poupou Jesus de tal destino. Essa visão diminui o papel do sacrifício e coloca a salvação em uma esfera mais próxima da prática e da obediência a Deus do que de uma redenção alcançada por um ato de martírio.

Esse conceito de crucificação substitutiva tem grandes implicações para a interpretação cristã da redenção. A visão tradicional de que a morte de Jesus é a chave para a reconciliação entre Deus e a humanidade é substituída, em Barnabé, pela ideia de que Deus não exigiria tal sacrifício para demonstrar sua misericórdia. Assim, o conceito apócrifo rejeita a ideia de um Deus que precisa da morte de um inocente para salvar a humanidade, apresentando, em seu lugar, uma visão de um Deus que valoriza a justiça e a misericórdia sem exigir sangue.

O conceito apócrifo de redenção em Barnabé está, então, enraizado em uma prática ética, em vez de um evento sacrificial. Para Barnabé, a salvação é obtida pela obediência à lei e pela vida moral, enfatizando a importância da prática em lugar da fé cega em um ato redentor. Essa abordagem rejeita a justificação pela fé que se tornou central para a teologia cristã paulina, propondo um retorno à observância e ao cumprimento dos mandamentos de Deus. A mensagem subjacente é que Deus está mais próximo daqueles que seguem seus ensinamentos, e não daqueles que se concentram em um evento histórico como condição para a salvação.

O Evangelho de Barnabé também traz um conceito apócrifo sobre o pecado e a redenção que se afasta do pecado original como ensinado pelos evangelhos canônicos. Em Barnabé, não há menção de um pecado original hereditário que condena a humanidade, mas sim a visão de que cada pessoa é responsável por seus próprios atos. O conceito de pecado original, central no cristianismo, é substituído por uma ideia de responsabilidade pessoal e moral. Assim, Barnabé oferece uma visão da salvação como uma busca individual pela retidão, em que a relação com Deus é direta e não mediada por doutrinas de pecado herdado e de culpa coletiva.

Além disso, o Evangelho de Barnabé insere conceitos apócrifos no que se refere à figura de Maria e sua relação com Jesus. Ao longo dos evangelhos canônicos, Maria é vista como uma figura venerável e um modelo de fé. No entanto, em Barnabé, Maria aparece com um papel mais humano e materno, sem os elementos de divinização que seriam promovidos ao longo dos séculos pelo cristianismo tradicional. Maria é respeitada, mas sem as qualidades de uma figura sagrada, o que sugere que Barnabé via Maria como uma mãe terrena de um profeta humano, e não como a mãe de Deus. Essa visão apócrifa de Maria como uma figura de importância espiritual, mas não divina, é mais próxima do conceito judaico de matriarca e também reflete a visão islâmica, que reconhece Maria como a mãe de Jesus, mas sem atribuir-lhe um status divino.

Outro aspecto apócrifo do Evangelho de Barnabé é a profecia sobre a vinda de outro mensageiro após Jesus, que muitos interpretam como uma referência a Maomé. Essa ideia é completamente ausente nos evangelhos canônicos e é uma característica que distingue fortemente o texto de Barnabé. Segundo Barnabé, Jesus anuncia a chegada de um último profeta, que traria a palavra definitiva de Deus à humanidade. Esse conceito conecta o evangelho a uma tradição profética contínua que não termina com Jesus, o que abre espaço para interpretações que enxergam o cristianismo e o islamismo como parte de uma mesma linha profética. Essa referência à vinda de outro mensageiro é, para muitos, um indício de que o Evangelho de Barnabé pode ter sido escrito ou adaptado para dialogar com a perspectiva islâmica.

Esses conceitos apócrifos levantam questões sobre a origem e a motivação do texto, assim como sobre as influências culturais e religiosas que moldaram suas narrativas. O fato de o Evangelho de Barnabé dialogar com conceitos que rejeitam a divindade de Jesus e a centralidade da cruz sugere que ele pode ter surgido em um contexto onde as ideias judaicas e islâmicas já estavam interligadas. Algumas teorias afirmam que o evangelho teria sido escrito por um autor que pretendia reconciliar aspectos da fé judaica com a figura de Jesus, enquanto outras sugerem que ele pode ter sido criado em um contexto onde o islamismo já exercia influência significativa.

A presença de conceitos apócrifos no Evangelho de Barnabé tem um impacto profundo na compreensão da vida e dos ensinamentos de Jesus. Ao reinterpretar temas centrais da fé cristã, como a divindade, o sacrifício e a redenção, o evangelho de Barnabé cria uma versão alternativa que oferece uma perspectiva diferente de espiritualidade. O valor desse texto não reside necessariamente em sua autenticidade histórica, mas na maneira como ele desafia e enriquece a discussão sobre a natureza de Jesus, a função da lei e o significado da salvação.

Esses elementos apócrifos no Evangelho de Barnabé não apenas questionam a tradição cristã, mas também sugerem uma espiritualidade menos hierárquica e mais acessível, onde cada indivíduo pode buscar uma vida de retidão sem a necessidade de uma intermediação sacrificial. Esse evangelho propõe uma relação direta e pessoal com Deus, onde a prática da virtude e a observância da lei ocupam o centro da vida religiosa.

O Evangelho de Barnabé, ao trazer esses conceitos apócrifos, se torna um texto subversivo, não apenas por desafiar a ortodoxia cristã, mas por oferecer um caminho espiritual alternativo. Suas ideias questionam as estruturas que se formaram em torno da figura de Jesus e propõem uma visão que é, ao mesmo tempo, crítica e transformadora. Essa visão apócrifa, com sua ênfase na moralidade individual e na fidelidade à lei divina, representa uma busca por uma fé menos ritualística e mais prática, voltada para a justiça e a misericórdia, valores que Barnabé considera centrais na mensagem de Jesus.

Capítulo 15
A Autoridade dos Apócrifos

A questão da autoridade dos textos apócrifos, como o Evangelho de Barnabé, tem sido um ponto de profunda discussão e controvérsia ao longo da história do cristianismo. Enquanto os evangelhos canônicos foram aceitos pela Igreja como as narrativas autênticas da vida e dos ensinamentos de Jesus, os textos apócrifos foram frequentemente marginalizados, tachados de heréticos ou simplesmente excluídos da tradição oficial. O Evangelho de Barnabé, com suas interpretações divergentes e suas rejeições explícitas de doutrinas centrais, é um exemplo notável de como um texto apócrifo pode desafiar as fronteiras do que é considerado ortodoxo.

O termo "apócrifo" deriva do grego antigo e significa "oculto" ou "escondido". No contexto da literatura religiosa, refere-se a textos que foram excluídos do cânone oficial. Essa exclusão, porém, não se deu apenas por questões de autenticidade, mas também por divergências teológicas que colocavam em risco a unidade da doutrina cristã emergente. Ao longo dos primeiros séculos da era cristã, a Igreja estava em processo de definir suas crenças fundamentais, e o processo de seleção dos textos canônicos foi fortemente influenciado pelo desejo de estabelecer um corpo de ensinamentos que consolidasse a fé de maneira coesa e uniforme.

No caso específico do Evangelho de Barnabé, sua autoridade como um texto religioso é continuamente questionada, devido à ausência de referências antigas e ao fato de que os primeiros registros manuscritos conhecidos datam de muito tempo depois da vida de Jesus. Esse distanciamento temporal coloca em dúvida sua autenticidade como um relato direto ou contemporâneo dos eventos que narra. Contudo, a influência de Barnabé como personagem bíblico e o conteúdo provocador do evangelho atribuído a ele despertaram o interesse de estudiosos, fiéis e críticos ao longo dos séculos, especialmente por sua visão alternativa sobre Jesus e seu papel na história da salvação.

A autoridade dos textos apócrifos, incluindo o Evangelho de Barnabé, também está ligada ao modo como eles foram percebidos por diferentes comunidades religiosas ao longo da história. Enquanto os líderes da Igreja primitiva buscavam uniformidade doutrinária, algumas comunidades mais marginais, que simpatizavam com as ideias apócrifas, adotaram esses textos como fontes complementares ou mesmo essenciais. O Evangelho de Barnabé, com sua interpretação de Jesus como profeta e não como Filho de Deus, encontrou apoio especialmente em contextos onde a ortodoxia era desafiada ou onde o cristianismo coexistia com outras tradições religiosas, como o judaísmo e, posteriormente, o islamismo.

O Evangelho de Barnabé representa um ponto de vista que poderia ter ameaçado a autoridade dos evangelhos canônicos, pois oferece uma versão da história de Jesus que dispensa a necessidade de divindade ou de um sacrifício redentor. Esse questionamento da autoridade canônica implica um cristianismo que não depende da crucificação como ato central da fé, mas sim de uma vida vivida em estrita obediência à lei de Deus. Ao apresentar um Jesus mais humano, o texto reduz o papel de mediação que a Igreja reivindicava entre Deus e os homens, e tal ideia era vista como subversiva no processo de formação da doutrina.

O interesse pela autoridade dos apócrifos, especialmente do Evangelho de Barnabé, foi renovado em parte pelo crescimento do islamismo e pela busca por pontos de contato entre as duas religiões. Como mencionado em capítulos anteriores, o Evangelho de Barnabé compartilha semelhanças com a visão islâmica de Jesus, e isso tem levado muitos estudiosos muçulmanos a considerarem o evangelho como uma possível fonte de informações mais próximas da "verdade histórica" sobre Jesus, em oposição à visão cristã tradicional. Essa aceitação, porém, não é unânime, e há debates sobre a origem do texto e a extensão de suas semelhanças com o islamismo.

Os textos apócrifos desafiam a noção de autoridade religiosa por seu caráter frequentemente subversivo, oferecendo uma visão alternativa da fé. O Evangelho de Barnabé e outros apócrifos apresentam ensinamentos e relatos que contrastam com as doutrinas oficiais, o que leva os estudiosos a debaterem a possível existência de correntes de pensamento cristão que eram ignoradas ou rejeitadas pela igreja institucionalizada. Esses textos questionam a legitimidade de uma autoridade religiosa centralizada que determina quais ensinamentos são válidos e quais são considerados heréticos. Essa questão é especialmente importante no caso de Barnabé, que foi uma figura respeitada entre os primeiros cristãos e que, por meio do evangelho apócrifo, é retratado como um defensor de uma interpretação alternativa.

A autoridade do Evangelho de Barnabé, no entanto, é limitada pela falta de evidências históricas que comprovem sua autenticidade e pela ausência de sua menção nos debates teológicos dos primeiros séculos do cristianismo. Textos apócrifos como o Evangelho de Tomé, por exemplo, são citados por autores da igreja primitiva e geraram discussões sobre sua validade. O Evangelho de Barnabé, por outro lado, parece ter surgido mais tarde, o que levou muitos a considerá-lo uma criação posterior, talvez até com o propósito de apoiar uma perspectiva específica, possivelmente influenciada pelo islamismo ou por correntes judaico-cristãs que rejeitavam a divinização de Jesus.

Os textos apócrifos, em especial o Evangelho de Barnabé, oferecem uma oportunidade para repensar a formação da doutrina cristã e como o conceito de autoridade se estabeleceu ao longo do tempo. Esses textos indicam que, nos primeiros séculos, havia uma diversidade de interpretações sobre a natureza de Jesus, a salvação e a relação do homem com Deus. A exclusão dos apócrifos do cânone oficial foi, em parte, uma resposta da Igreja ao desejo de consolidar uma fé que resistisse a heresias e à fragmentação. Contudo, ao silenciar essas vozes alternativas, a Igreja também sacrificou a multiplicidade de visões que poderiam enriquecer a compreensão de Jesus e de sua missão.

Além disso, a recepção do Evangelho de Barnabé em círculos islâmicos ao longo dos séculos indica que a autoridade de um texto religioso é, em grande medida, uma construção cultural e histórica. O que é considerado apócrifo em uma tradição pode ser visto como uma fonte de autoridade e inspiração em outra. A aceitação do Evangelho de Barnabé entre alguns estudiosos muçulmanos reflete o valor do texto como um elo entre o cristianismo e o islamismo, oferecendo uma visão que se aproxima da perspectiva islâmica sobre Jesus como profeta, e não como Filho de Deus. No entanto, isso também levanta questões sobre a validade de um texto cuja autenticidade histórica é incerta.

O impacto da autoridade apócrifa do Evangelho de Barnabé na modernidade pode ser observado no interesse renovado pelos textos que foram excluídos do Novo Testamento. Esse evangelho desperta a curiosidade de estudiosos e leitores que buscam compreender o desenvolvimento das crenças cristãs fora dos limites impostos pelo cânone oficial. Ao explorar o conteúdo de Barnabé, historiadores e teólogos se deparam com um cristianismo alternativo, onde a prática da virtude e a observância da lei divina substituem a adoração ao sacrifício. Essa visão apócrifa oferece um modelo de espiritualidade que privilegia o compromisso ético em detrimento da teologia sacrificial, oferecendo uma perspectiva menos hierárquica e mais acessível.

Em última análise, a autoridade dos apócrifos como o Evangelho de Barnabé reside na capacidade desses textos de inspirar questionamento e reflexão sobre a natureza da fé e da tradição. Eles representam vozes dissidentes e permitem o redescobrimento de um cristianismo menos institucionalizado, mais centrado na experiência e na prática da fé individual. Barnabé, ao propor uma visão alternativa, demonstra como o cristianismo poderia ter seguido outros caminhos, mais próximos das raízes judaicas e menos comprometidos com as doutrinas estabelecidas de divinização e sacrifício.

A questão da autoridade dos textos apócrifos permanece relevante, especialmente em um mundo moderno que valoriza a diversidade de pensamento e o diálogo inter-religioso. O Evangelho de Barnabé, em sua posição marginal, simboliza as histórias que ficaram de fora, mas que ainda têm algo a oferecer para aqueles que buscam uma compreensão mais abrangente da figura de Jesus e da mensagem que ele transmitiu. Esses textos desafiam a interpretação única, convidando os leitores a refletirem sobre as complexidades e as possibilidades dentro da fé, permitindo que cada pessoa explore uma espiritualidade que transcende os limites do cânone tradicional.

Capítulo 16
Barnabé e a Heresia

A história do Evangelho de Barnabé é permeada por controvérsias, e sua classificação como texto herético foi determinada pelas interpretações alternativas e pelo desafio que ele representava para a doutrina cristã ortodoxa. Em tempos em que a Igreja estava em processo de definir e consolidar seu corpo doutrinário, textos como o Evangelho de Barnabé eram vistos como ameaças à unidade e à pureza da fé cristã, pois introduziam concepções que divergem de forma substancial das crenças aceitas. O conceito de heresia, portanto, tornou-se uma ferramenta poderosa para a Igreja excluir e silenciar visões que questionavam suas interpretações sagradas e sua autoridade teológica.

A acusação de heresia atribuída ao Evangelho de Barnabé não se deu apenas pela presença de ideias divergentes, mas pelo impacto que essas ideias poderiam ter no entendimento da figura de Jesus e no papel central da Igreja como mediadora entre o homem e Deus. Ao apresentar Jesus como um profeta humano e não como o Filho de Deus, o Evangelho de Barnabé coloca em xeque um dos pilares fundamentais da fé cristã. Essa visão de Jesus, em vez de sustentar uma igreja centralizada que administra os sacramentos e a salvação, promove uma relação direta entre o indivíduo e Deus, baseada na obediência aos ensinamentos divinos e na prática da retidão.

A visão de Barnabé era considerada uma heresia, pois oferecia um cristianismo desprovido da doutrina da Trindade, afastando-se da visão de Deus como uma unidade composta por Pai, Filho e Espírito Santo. O Concílio de Nicéia, em 325 d.C., foi um marco fundamental para a formulação oficial da Trindade como dogma cristão, mas a rejeição da Trindade era uma postura presente entre várias correntes de pensamento que não aceitavam a divinização de Jesus. Ao rejeitar a divindade de Jesus e o conceito trinitário, o Evangelho de Barnabé foi rapidamente rotulado como um texto herético por desafiar essa estrutura central.

Outro aspecto considerado herético era a visão de Barnabé sobre a crucificação. Ao defender que Jesus não foi crucificado, mas que Judas teria tomado seu lugar, o Evangelho de Barnabé negava a importância da cruz como símbolo de redenção e sacrifício. No cristianismo ortodoxo, a crucificação é vista como o ápice do amor divino e o caminho pelo qual a humanidade é redimida de seus pecados. Barnabé, no entanto, reescreve essa narrativa, apresentando a crucificação como um evento enganoso, um erro humano que não teria sido ordenado por Deus. A Igreja considerava tal visão inaceitável, pois subvertia o sacrifício central da fé e retirava o sentido espiritual da cruz.

As ideias heréticas atribuídas ao Evangelho de Barnabé podem ser compreendidas como uma reação ao movimento cristão emergente que se afastava do judaísmo, enquanto Barnabé tentava preservar aspectos centrais das tradições mosaicas. O conceito de heresia também foi uma resposta às pressões internas e externas enfrentadas pela Igreja. A necessidade de coesão doutrinária levou a uma definição rígida do que era aceitável dentro da fé, e o Evangelho de Barnabé, ao sugerir uma prática religiosa mais voltada para a observância da lei do que para o culto à figura de Cristo, destoava desse ideal. Assim, a Igreja viu-se obrigada a classificar essa abordagem como herética para proteger a uniformidade de crença.

O conceito de heresia em relação ao Evangelho de Barnabé também estava ligado à sua ênfase na moralidade pessoal e na obediência aos mandamentos divinos, em detrimento da crença no sacrifício como base da salvação. Enquanto o cristianismo ortodoxo se desenvolvia como uma religião de fé baseada na graça e na redenção por meio de Jesus, o Evangelho de Barnabé defendia uma vida orientada pela ética e pela prática da lei. Para a Igreja, essa postura colocava em risco a centralidade do sacerdócio e dos sacramentos, elementos que mediavam a salvação dos fiéis, oferecendo uma via alternativa onde cada indivíduo poderia buscar sua própria retidão e comunhão com Deus, sem a intercessão institucional da Igreja.

Além disso, o Evangelho de Barnabé apresentava uma visão apocalíptica em que Jesus profetiza a chegada de outro mensageiro, muitas vezes interpretado como Maomé, o profeta do islamismo. Essa previsão é considerada por muitos como um indício de que o texto pode ter sido composto ou adaptado em um contexto onde o islamismo estava em ascensão. A Igreja via tal perspectiva como uma heresia gravíssima, pois não apenas desqualificava Jesus como o último grande revelador da verdade divina, mas também sugeria que a revelação divina continuava após o Novo Testamento. Para a ortodoxia cristã, a aceitação de outro profeta ameaçava diretamente a autoridade dos evangelhos e da tradição apostólica, que se viam como o encerramento da revelação de Deus.

Essa visão herética sobre a continuidade da revelação, presente no Evangelho de Barnabé, desafia a ideia cristã da exclusividade de Jesus como caminho de salvação. Ao mencionar um sucessor, o evangelho subverte o conceito de uma revelação completa e final em Cristo, e, para a Igreja, qualquer sugestão de que outro profeta pudesse ser enviado após Jesus era considerada um ataque direto à sua legitimidade e ao fundamento de suas doutrinas. A inclusão dessa profecia sobre outro mensageiro foi um dos fatores que mais contribuíram para que o Evangelho de Barnabé fosse rejeitado e classificado como herético.

O Evangelho de Barnabé também foi acusado de heresia por sua postura antitrinitária, o que o aproximava de seitas e movimentos que contestavam a doutrina da Trindade, como os arianos, que viam Jesus como uma criação divina, mas não coeterno e igual ao Pai. A rejeição do conceito de Trindade colocava o Evangelho de Barnabé em alinhamento com movimentos considerados hereges e ameaçava a unidade da

Igreja, pois incentivava a visão de um Deus único, sem subdivisões. Esse conceito era perigoso para a ortodoxia, pois alimentava correntes de pensamento que poderiam fragmentar a Igreja e diminuir o papel de Jesus como parte integral da divindade.

No entanto, apesar da condenação, o Evangelho de Barnabé atraiu o interesse de comunidades que discordavam da ortodoxia cristã. Muitos estudiosos e grupos religiosos de diferentes contextos adotaram o texto como uma alternativa legítima, considerando-o uma versão mais autêntica dos ensinamentos de Jesus. A classificação como herético não impediu que o evangelho circulasse em certos meios e permanecesse vivo, especialmente em contextos onde o cristianismo coexistia com o islamismo ou com comunidades judaicas que viam o cristianismo de forma mais crítica. Essa resistência à classificação de heresia demonstra como as ideias de Barnabé, mesmo condenadas, ecoaram entre aqueles que buscavam um entendimento alternativo de Jesus.

A acusação de heresia também serviu para proteger a autoridade institucional da Igreja. Ao rejeitar e condenar o Evangelho de Barnabé, a Igreja afirmava seu controle sobre o que era considerado sagrado e aceitável. Esse controle foi necessário para consolidar o cristianismo ortodoxo e assegurar que as doutrinas que fortaleciam a Igreja se mantivessem inquestionáveis. A definição de heresia permitia à Igreja silenciar ideias dissidentes, salvaguardando a unidade de sua doutrina e preservando o papel de Jesus como a figura central da fé cristã, cuja divindade e sacrifício eram inquestionáveis.

No entanto, o conceito de heresia é fluido e frequentemente se revela como uma reação às circunstâncias e pressões do contexto histórico. O Evangelho de Barnabé, embora rejeitado e classificado como herético, reflete uma visão de Jesus que, embora distinta da ortodoxia, expressa uma espiritualidade enraizada em valores como a justiça, a observância da lei e a relação direta com Deus. Em última análise, a heresia atribuída a Barnabé não se refere apenas às suas ideias, mas ao potencial transformador dessas ideias em um cristianismo que ainda se formava e que precisava se proteger de fragmentações.

O Evangelho de Barnabé, ao ser considerado herético, também se torna uma espécie de símbolo para todos os que desafiam os dogmas estabelecidos. Sua narrativa subverte o cristianismo ortodoxo ao oferecer uma imagem de Jesus como guia e mestre, e não como Salvador divino. Dessa forma, o texto não apenas questiona o papel de Jesus, mas também levanta questões sobre o papel da Igreja como mediadora da verdade, oferecendo um caminho espiritual alternativo que, para muitos, poderia ter conduzido a um cristianismo mais inclusivo e mais próximo de suas raízes judaicas.

Esse evangelho, com suas visões heréticas, representa o desejo de explorar outras interpretações sobre o propósito de Jesus e sobre o papel da fé, desafiando a autoridade e as estruturas que vieram a definir o cristianismo ortodoxo. Ele nos lembra que a história da fé não é composta apenas pelas ideias que triunfaram, mas também pelas visões que foram silenciadas, cujas verdades dissidentes ainda ressoam nas margens da tradição, oferecendo uma perspectiva crítica sobre a forma como compreendemos o legado espiritual de Jesus e o papel de Barnabé na história do cristianismo.

Capítulo 17
Conflitos com o Apóstolo Paulo

O relacionamento entre Barnabé e Paulo é cercado por tensões e desentendimentos que refletem a diversidade e a complexidade das primeiras interpretações do cristianismo. Enquanto Barnabé é retratado como um defensor de uma visão do cristianismo mais próxima das tradições judaicas, Paulo emerge como o principal proponente de um cristianismo que se afasta das leis mosaicas e se abre para os gentios, reinterpretando a mensagem de Jesus de forma que acolhe não-judeus e minimiza a necessidade de observar as tradições judaicas. Esse conflito ideológico entre Barnabé e Paulo simboliza um ponto de ruptura que iria influenciar profundamente a direção da fé cristã.

Barnabé, em sua postura mais tradicionalista, insistia na importância da observância das leis mosaicas como fundamento para a vida religiosa. Para ele, o papel de Jesus não era abolir a lei, mas cumpri-la e reafirmá-la. Sua perspectiva é de um messias judeu, cuja missão era guiar o povo de Israel de volta ao caminho da retidão através da prática fiel da lei. Barnabé considerava que a mensagem de Jesus deveria ser integrada e vivida dentro dos parâmetros estabelecidos por Moisés, refletindo um compromisso inabalável com o monoteísmo estrito e com os ensinamentos judaicos. Essa posição encontrava resistência em Paulo, que defendia que a fé em Jesus transcendia a necessidade de seguir as leis mosaicas.

Paulo, em contraste, argumentava que a fé em Jesus era suficiente para a salvação e que os gentios não precisavam adotar a lei judaica para serem aceitos na comunidade cristã. Em suas epístolas, Paulo enfatiza que a salvação não depende das obras da lei, mas da fé em Cristo. Esse conceito, conhecido como justificação pela fé, foi uma inovação radical que possibilitou que o cristianismo se expandisse para além das fronteiras do judaísmo e acolhesse seguidores de diferentes origens culturais e religiosas. Esse enfoque, no entanto, era visto com desconfiança por Barnabé e por outros membros da igreja primitiva, que temiam que a mensagem original de Jesus fosse diluída ou mesmo distorcida.

A tensão entre Barnabé e Paulo culmina em uma divergência significativa sobre a circuncisão, um símbolo essencial do pacto de Deus com o povo judeu. Para Barnabé, a circuncisão era um rito sagrado que demonstrava fidelidade à aliança com Deus. A proposta de Paulo de isentar os gentios da circuncisão era vista como um atentado contra a tradição judaica e uma concessão exagerada para atrair não-judeus ao cristianismo. Esse conflito expõe a divergência fundamental entre os dois: enquanto Barnabé buscava preservar o cristianismo dentro de um contexto judaico, Paulo vislumbrava uma fé universal, acessível a todos, independentemente das práticas rituais judaicas.

Barnabé via com preocupação as implicações da mensagem de Paulo, que ele temia desestruturar a herança judaica do cristianismo e abrir espaço para interpretações que poderiam afastar a nova fé de suas raízes. Para Barnabé, a lei não era apenas um conjunto de mandamentos, mas a essência da aliança entre Deus e seu povo, uma marca distintiva que identificava os seguidores de Deus. A mensagem de Paulo, ao minimizar a importância da lei, parecia a Barnabé um passo em direção à secularização e ao afastamento dos preceitos que, em sua opinião, deveriam guiar a vida dos fiéis.

Esse desacordo gerou divisões profundas dentro das primeiras comunidades cristãs, refletindo uma luta interna pelo entendimento da natureza da mensagem de Jesus e da identidade do cristianismo. A tensão entre a preservação da tradição judaica e a abertura para os gentios não era apenas uma questão teológica, mas também prática, pois definiria o caráter e o alcance da nova fé. Enquanto Barnabé insistia na observância da lei como prova de devoção, Paulo propunha uma fé mais inclusiva e menos vinculada às tradições judaicas.

Para Barnabé, o compromisso de Paulo com a expansão do cristianismo entre os gentios parecia uma concessão que enfraquecia a essência da mensagem de Jesus. Barnabé acreditava que o cumprimento da lei era a expressão máxima de fidelidade a Deus e que, sem ela, o cristianismo corria o risco de se tornar indistinguível de outras crenças e práticas da época. Ele temia que a visão de Paulo, ao desvincular o cristianismo das leis mosaicas, criasse uma ruptura irreparável entre o novo movimento e suas raízes judaicas, transformando-o em algo diferente do que Jesus havia originalmente ensinado.

A divergência entre Barnabé e Paulo é, portanto, uma luta pela alma do cristianismo, um confronto entre duas visões que moldariam o futuro da religião. De um lado, Barnabé representa a preservação da fé em seu contexto original, com um foco na continuidade e na fidelidade à tradição judaica. De outro, Paulo busca uma universalidade que vai além das barreiras culturais e étnicas, permitindo que a fé em Jesus alcance pessoas de diferentes origens, sem que precisem adotar os rituais judaicos. Esse conflito entre particularidade e universalidade foi decisivo para a formação do cristianismo como uma religião distinta, que se expandiria rapidamente pelo mundo gentio.

O Evangelho de Barnabé, que incorpora a visão de Barnabé sobre a importância da lei e a humanidade de Jesus, pode ser visto como uma resposta crítica à teologia paulina. Ao retratar Jesus como um profeta que reafirma a lei mosaica, o evangelho apócrifo confronta diretamente o conceito de justificação pela fé proposto por Paulo, propondo que a salvação é alcançada pela prática da retidão e pela observância dos mandamentos divinos. Essa visão desafia a teologia paulina, que se afastava da lei e buscava uma espiritualidade baseada na fé e na graça.

Além disso, o Evangelho de Barnabé pode ser entendido como uma tentativa de restabelecer uma interpretação do cristianismo que honra sua origem judaica. Esse texto apócrifo propõe uma perspectiva em que a lei é central, e Jesus é um exemplo de fidelidade a essa lei, em vez de um redentor cuja missão é abolir ou substituir as tradições judaicas. Essa postura ressalta a tensão entre as correntes mais tradicionais e as visões inovadoras trazidas por Paulo, que acreditava que a fé em Jesus transcendia as práticas religiosas tradicionais e oferecia uma nova forma de relacionamento com Deus.

O conflito entre Barnabé e Paulo também revela a dificuldade em conciliar a diversidade de crenças e interpretações que caracterizava as primeiras comunidades cristãs. A insistência de Barnabé em preservar a identidade judaica do cristianismo contrastava com o desejo de Paulo de torná-lo acessível a todos, independentemente das tradições e rituais. Essa tensão resultou em uma divisão que refletia não apenas diferenças teológicas, mas também questões de identidade e pertencimento, moldando o cristianismo como uma religião que, embora enraizada no judaísmo, passou a desenvolver uma identidade própria e distinta.

Esse choque de ideias entre Barnabé e Paulo destaca o papel do debate e da dissensão no desenvolvimento do cristianismo. A visão de Barnabé, com seu apelo à observância e à continuidade das práticas judaicas, representa uma abordagem que enfatiza a conexão com o passado, enquanto a visão de Paulo aponta para um futuro onde o cristianismo poderia abranger uma diversidade maior de pessoas e culturas. Essa dualidade entre tradição e adaptação foi um dos fatores que permitiu que o cristianismo se expandisse e se estabelecesse como uma religião de alcance global.

O legado do conflito entre Barnabé e Paulo permanece, em certo sentido, presente na maneira como o cristianismo aborda a questão da lei e da fé até hoje. A teologia de Paulo, com sua ênfase na graça e na fé como meios de salvação, tornou-se dominante, mas o Evangelho de Barnabé representa uma lembrança das vozes que foram marginalizadas na formação da ortodoxia. Ele nos leva a refletir sobre as diversas maneiras pelas quais o cristianismo poderia ter se desenvolvido e sobre a importância do diálogo e da diversidade de perspectivas na busca por uma compreensão mais rica e profunda da fé.

Em resumo, o conflito entre Barnabé e Paulo não foi apenas uma disputa teológica, mas uma expressão das múltiplas facetas do cristianismo em seus primórdios. O Evangelho de Barnabé, com sua rejeição da teologia paulina e sua reafirmação das tradições judaicas, representa uma perspectiva que, embora herética para a ortodoxia, ecoa o desejo de um cristianismo fiel às raízes judaicas e à prática da lei. Esse embate de visões moldou o cristianismo de maneira indelével, lembrando-nos de que a fé é, ao mesmo tempo, uma busca por unidade e uma celebração das diferenças.

Capítulo 18
O Debate sobre a Crucificação

A crucificação de Jesus é um dos eventos centrais do cristianismo, interpretado pela tradição cristã como o ato supremo de sacrifício divino, onde Jesus, considerado Filho de Deus, morre para redimir a humanidade de seus pecados. No entanto, o Evangelho de Barnabé oferece uma narrativa alternativa e profundamente controversa: Jesus não foi crucificado; em vez disso, segundo o relato de Barnabé, foi Judas quem, por engano ou intervenção divina, terminou na cruz. Essa interpretação desafia o coração da doutrina cristã, levando a implicações teológicas que transformam a compreensão da redenção, da salvação e da própria figura de Jesus.

No Evangelho de Barnabé, a crucificação é apresentada não como um ato redentor, mas como um erro trágico. Jesus, como um profeta fiel a Deus, é poupado desse destino, enquanto Judas, após ter traído Jesus, é confundido com ele e executado em seu lugar. Esse relato sugere uma perspectiva onde o sacrifício humano não é necessário para a salvação e enfatiza que Deus, em sua misericórdia, não permitiria que seu profeta sofresse tal morte. Para Barnabé, a história de Jesus é preservada sem o martírio, e a fé é edificada não sobre um ato de violência, mas sobre os ensinamentos e a obediência à lei divina.

Esse debate sobre a crucificação levanta uma questão essencial: é a salvação dependente de um sacrifício? Para o cristianismo tradicional, a resposta é afirmativa. A crucificação de Jesus é vista como a redenção dos pecados da humanidade, um ato de graça que apenas o Filho de Deus poderia realizar. No entanto, o Evangelho de Barnabé apresenta uma visão onde o sacrifício não é uma exigência para o perdão. Em vez disso, a salvação é alcançada por meio de uma vida em consonância com os mandamentos divinos, aproximando-se de um conceito mais judaico de justiça e misericórdia, onde a observância da lei e o arrependimento sincero são suficientes para estabelecer a conexão com Deus.

A substituição de Judas por Jesus na cruz também questiona a relação entre o sofrimento e a redenção. No cristianismo ortodoxo, a dor e o sacrifício de Jesus são vistos como parte do plano divino de salvação, uma expiação necessária que estabelece a nova aliança entre Deus e a humanidade. Barnabé, no entanto, parece rejeitar a ideia de que a dor seja um requisito para a graça. O erro humano, refletido na crucificação de Judas, reforça uma visão onde a violência não é glorificada como redentora, e a mensagem de Deus é preservada na vida de Jesus, e não em sua morte.

Para Barnabé, Jesus é o exemplo vivo de uma fé verdadeira e sem a mancha do sofrimento humano imposto como condição para a salvação. Essa visão redefine a importância dos atos e dos ensinamentos de Jesus, enfatizando a vida e o cumprimento dos mandamentos como o verdadeiro caminho para alcançar a benevolência divina. A crucificação deixa de ser um ponto culminante de sacrifício e passa a ser um erro evitado por intervenção divina, sugerindo que a salvação não necessita de sangue derramado, mas de uma conduta moralmente elevada e de uma relação sincera com Deus.

Outro aspecto importante desse debate é o impacto da não crucificação sobre a imagem de Jesus como Filho de Deus. O cristianismo ensina que a ressurreição de Jesus após a crucificação confirma sua natureza divina e sua vitória sobre a morte, o que torna a crucificação um evento essencial para a crença na divindade de Jesus. Barnabé, ao sugerir que Jesus não foi crucificado, retira esse elemento de triunfo sobre a morte, o que permite uma interpretação de Jesus como um profeta humano que viveu de acordo com a vontade de Deus, mas que não é divino. Essa visão sustenta a posição monoteísta estrita de Barnabé e reforça uma teologia onde a fé não está centrada na figura de um salvador divino, mas nos ensinamentos deixados por um mensageiro de Deus.

A narrativa de Barnabé também reflete uma crítica implícita ao conceito de salvação mediada por um redentor sacrificado. Para ele, a fé não deve depender de um evento histórico de sofrimento e martírio, mas de uma transformação interior e de uma vida de prática ética. A salvação, na perspectiva de Barnabé, é alcançada pela prática do bem, pelo cumprimento dos mandamentos e pelo arrependimento sincero. Essa visão enfatiza a responsabilidade pessoal de cada fiel e oferece uma alternativa à dependência da graça sacrificial, sugerindo que o caminho para Deus está ao alcance de qualquer um que viva conforme os preceitos divinos.

O relato alternativo sobre a crucificação também destaca a misericórdia divina, pois Deus não teria permitido que Jesus, seu profeta, fosse submetido à humilhação e à dor da crucificação. Essa perspectiva ecoa a visão islâmica de que Jesus não foi crucificado e que Deus o preservou dessa morte. Isso sugere uma imagem de um Deus compassivo que valoriza a vida de seus profetas e rejeita o sofrimento como meio de redenção. Para Barnabé, essa preservação de Jesus representa a verdadeira benevolência divina, que não exige um sacrifício para oferecer o perdão.

Além disso, a substituição de Judas por Jesus também implica que o julgamento divino está centrado nas intenções e nos atos de cada pessoa, e não em uma culpa herdada ou coletiva. Esse conceito difere profundamente da ideia cristã de que o pecado original precisa ser redimido através de um sacrifício. Barnabé rejeita a necessidade de um salvador que expie a culpa da humanidade e enfatiza que cada indivíduo pode buscar a reconciliação com Deus diretamente, sem a necessidade de um intermediário sacrificial. Esse ponto de vista aproxima-se de uma visão de justiça divina onde o perdão é concedido com base na sinceridade do arrependimento e na observância das leis divinas.

A ausência de uma crucificação redentora também desafia o conceito de ressurreição como evidência da natureza divina de Jesus. Nos evangelhos canônicos, a ressurreição é o milagre final, a prova irrefutável de que Jesus é Filho de Deus. Em Barnabé, ao não existir uma morte sacrificial, não há necessidade de uma ressurreição que reafirme a divindade de Jesus. A sua importância está em sua mensagem e em sua obediência a Deus, e não em um ato que o separe dos outros profetas. Essa interpretação não apenas desafia a tradição cristã, mas também sugere um Jesus que permanece completamente humano, íntegro e compassivo.

No Evangelho de Barnabé, a crucificação é, portanto, um ponto de divergência teológica que transforma a compreensão do propósito de Jesus e da natureza da salvação. Esse texto oferece uma alternativa que apresenta a fé como uma experiência de compromisso moral e de prática ética, e não de adoração a um sacrifício redentor. Essa perspectiva sublinha a responsabilidade individual e promove uma visão de Deus como justo e misericordioso, um ser que valoriza a sinceridade e a obediência mais do que um ato de expiação imposto.

Essa reinterpretação da crucificação e da redenção leva a um entendimento do cristianismo onde o foco está na conduta e nos ensinamentos. Ao relatar a troca de Judas por Jesus, Barnabé questiona as bases do cristianismo ortodoxo e convida à reflexão sobre a importância de uma espiritualidade que valorize a prática e o exemplo, sem recorrer ao martírio como meio de salvação. A narrativa sugere que, para Barnabé, o verdadeiro sentido da fé reside em viver de acordo com os preceitos divinos, em busca de uma proximidade com Deus que não depende de eventos dramáticos, mas de uma vida vivida com propósito e retidão.

Capítulo 19
Barnabé e a Salvação

O conceito de salvação no Evangelho de Barnabé é uma construção que se distancia das doutrinas estabelecidas pela Igreja e que oferece uma alternativa focada na prática moral e na observância dos mandamentos divinos, em vez da fé em um sacrifício redentor. Barnabé apresenta uma visão onde a salvação não é concedida pela aceitação da crucificação de Jesus como um ato redentor, mas pela fidelidade à lei e por uma vida guiada pela retidão. Essa perspectiva coloca a responsabilidade da salvação diretamente sobre cada indivíduo, sugerindo que o caminho para Deus é construído pela prática consciente dos ensinamentos divinos e pela busca constante de uma vida virtuosa.

Para Barnabé, a ideia de salvação está intimamente ligada à continuidade da lei mosaica. Ele defende que a verdadeira fé é demonstrada através do compromisso com as leis dadas por Deus a Moisés, que permanecem como o alicerce de uma vida piedosa e justa. No entendimento de Barnabé, Jesus não veio para abolir essas leis ou para oferecer uma nova via de redenção, mas para reafirmar a importância de viver segundo esses preceitos. Em vez de apresentar a salvação como um dom concedido por meio de um sacrifício, o Evangelho de Barnabé propõe que a salvação é o resultado de uma vida em obediência à vontade de Deus.

Esse conceito de salvação exige uma mudança profunda no entendimento da relação entre o homem e Deus, pois subverte a ideia de que a redenção depende de uma intervenção divina em forma de sacrifício. Barnabé rejeita a ideia de uma salvação passiva, alcançada apenas pela aceitação de um ato redentor, e em seu lugar promove uma espiritualidade ativa, onde a prática da fé se manifesta no dia a dia. A salvação, para ele, não é um evento singular ou um presente de Deus, mas um processo que exige esforço e dedicação pessoal, refletido nas escolhas e ações que cada indivíduo toma ao longo de sua vida.

Esse enfoque sobre a prática e a observância rigorosa coloca o Evangelho de Barnabé em uma posição mais próxima das tradições judaicas, onde o cumprimento da lei é essencial para a comunhão com Deus. Para Barnabé, a salvação é acessível a todos os que vivem em conformidade com os mandamentos, e não limitada a uma elite espiritual ou a um grupo que recebeu a graça divina. Ao destacar a lei como o caminho para a salvação, Barnabé promove uma visão que valoriza a ação e a responsabilidade pessoal, o que contrasta com a teologia da graça, onde a fé e a aceitação de Jesus como redentor são suficientes para obter o perdão dos pecados.

A ênfase de Barnabé na moralidade e no cumprimento dos mandamentos reflete sua crença de que a salvação é construída sobre a prática de uma vida ética. A obediência à lei é o que define a relação entre o fiel e Deus, e essa obediência é a expressão de uma fé autêntica. Barnabé vê a salvação como um fruto do compromisso constante com os valores divinos e não como o resultado de uma crença em um evento histórico. Dessa forma, a salvação se torna um reflexo de uma conduta reta, que é, por sua vez, a maior prova de devoção.

Essa concepção de salvação, que privilegia a retidão sobre o sacrifício, é uma rejeição clara à teologia paulina e ao conceito de justificação pela fé. Para Paulo, a salvação é obtida pela fé em Jesus e pela aceitação do sacrifício da cruz, enquanto Barnabé afirma que a fé verdadeira só se confirma pela prática. Barnabé rejeita a ideia de uma salvação que depende da crença em um ato de expiação, defendendo que é a prática da justiça e a fidelidade aos mandamentos que verdadeiramente aproximam o ser humano de Deus. Ele não vê a necessidade de uma redenção passiva, mas de uma adesão ativa à lei, que é o caminho seguro para alcançar a comunhão divina.

No Evangelho de Barnabé, o tema da salvação também está associado ao conceito de responsabilidade individual. Cada pessoa é responsável por seu próprio destino, e Deus concede a salvação com base na retidão pessoal e na adesão sincera aos mandamentos. Essa ideia destaca a autonomia espiritual de cada indivíduo e reforça a noção de que a salvação é uma recompensa pelos próprios méritos e não um favor concedido sem esforço. Para Barnabé, a graça divina está acessível a todos, mas é necessário que o indivíduo faça sua parte, mostrando-se fiel e justo.

A busca pela salvação, para Barnabé, é inseparável da prática do amor e da compaixão. Ele acredita que o cumprimento da lei não é apenas um ritual, mas uma expressão prática do amor ao próximo e da devoção a Deus. A verdadeira fé, então, é aquela que se traduz em ações de bondade, honestidade e generosidade, refletindo o desejo sincero de viver conforme a vontade de Deus. Barnabé, ao enfatizar o aspecto prático da salvação, propõe uma espiritualidade onde a fé é inseparável das obras e onde a transformação pessoal é evidenciada pelo comportamento moral.

A visão de Barnabé sobre a salvação contrasta radicalmente com a tradição cristã, que vê a morte de Jesus como o ponto de inflexão na relação entre o homem e Deus. No cristianismo tradicional, a cruz é o símbolo do perdão, um ato que purifica o pecado original e concede a todos a oportunidade de redenção. Barnabé, ao rejeitar a crucificação como elemento central, sugere que o homem é capaz de buscar a salvação sem a necessidade de um sacrifício redentor. A fé, em sua visão, não é um ato de aceitação passiva, mas um compromisso ativo com a virtude e a justiça.

Essa perspectiva se reflete em uma visão da justiça divina onde Deus recompensa o comportamento íntegro e não apenas a fé em um evento ou em uma figura específica. Barnabé acredita em um Deus que observa as ações dos fiéis e que concede sua graça àqueles que vivem de acordo com suas leis, e não apenas àqueles que professam crença em um salvador. Esse conceito de justiça divina reitera o papel da ação humana na busca pela salvação, afastando-se do conceito de graça incondicional e promovendo uma relação com Deus que é profundamente pessoal e baseada no mérito.

Para Barnabé, a salvação é, portanto, um caminho de disciplina e esforço, onde o indivíduo é chamado a viver de maneira justa em todos os aspectos de sua vida. A ideia de uma fé sem obras é completamente estranha ao Evangelho de Barnabé, que insiste na necessidade de uma transformação contínua e visível. Essa postura reitera a crença de Barnabé na importância da responsabilidade pessoal e no poder da prática como manifestação de uma fé genuína. Ele vê o cumprimento da lei e a dedicação à vida moral como os pilares da relação com Deus e como o verdadeiro caminho para a redenção.

A visão de Barnabé sobre a salvação oferece uma alternativa ao cristianismo tradicional, uma perspectiva onde a proximidade com Deus é alcançada por meio de uma vida moral, em vez de uma crença em um sacrifício salvador. Para ele, a fé autêntica se prova no cumprimento dos mandamentos, e a salvação é uma recompensa para aqueles que dedicam suas vidas a honrar essa obediência. Essa abordagem sugere um cristianismo menos dependente de eventos históricos e mais focado em uma espiritualidade prática, que se reflete nas ações e na ética.

Em última análise, a salvação em Barnabé é uma busca pessoal, uma jornada onde cada um é responsável por viver conforme a lei de Deus. Ao apresentar essa visão, o Evangelho de Barnabé oferece um modelo de espiritualidade fundamentado na responsabilidade individual e na prática constante do bem, e rejeita a dependência de um sacrifício que redima todos. Para Barnabé, a salvação é uma possibilidade aberta a todos, mas que exige dedicação, disciplina e uma adesão verdadeira à vontade de Deus.

Capítulo 20
A Redenção no Evangelho de Barnabé

No Evangelho de Barnabé, a redenção adquire um significado distinto daquele apresentado pelos evangelhos canônicos e pela teologia cristã tradicional. Em vez de ser alcançada através do sacrifício de Jesus na cruz, a redenção, segundo Barnabé, está enraizada na prática da lei e na transformação ética individual. A crença no perdão dos pecados não depende de um ato final de martírio, mas da escolha contínua de viver em obediência aos mandamentos divinos. Essa interpretação desafia a visão cristã estabelecida de que o sacrifício de Jesus é a base da redenção e propõe um caminho de salvação baseado na justiça e na retidão.

Barnabé vê a redenção como um processo contínuo, onde o fiel se aproxima de Deus através da prática moral e do cumprimento rigoroso das leis mosaicas. Esse conceito está profundamente alinhado com a tradição judaica, que valoriza a observância da lei como expressão máxima de devoção. Para Barnabé, a redenção não é uma condição dada, mas uma meta que cada indivíduo deve perseguir, cultivando uma vida de retidão e respeito aos ensinamentos divinos. A obediência à lei, então, é o meio através do qual o homem pode se reconciliar com Deus, alcançando uma condição de graça e pureza espiritual.

Essa visão alternativa de redenção elimina a necessidade de um redentor sacrificial, posicionando a relação do homem com Deus como algo direto e pessoal. Ao contrário da tradição cristã, que vê Jesus como o mediador necessário para a redenção, Barnabé sugere que o próprio indivíduo é capaz de buscar sua salvação por meio de escolhas morais e de uma vida dedicada à lei. Essa ideia torna a redenção uma responsabilidade individual e remove o aspecto vicário do sacrifício, uma característica central da fé cristã. Para Barnabé, o perdão e a redenção são acessíveis a todos que demonstram verdadeira contrição e um compromisso genuíno com a obediência.

No Evangelho de Barnabé, o conceito de redenção está intimamente ligado ao arrependimento. Barnabé enfatiza que Deus é misericordioso e disposto a perdoar, desde que o fiel esteja disposto a se arrepender sinceramente de suas falhas e a corrigir sua conduta. O arrependimento não é apenas uma declaração verbal, mas uma mudança real na maneira de viver, refletida em um compromisso renovado com a justiça e a bondade. Essa interpretação coloca a responsabilidade da redenção não em um ato divino de sacrifício, mas na disposição do indivíduo de corrigir seu próprio comportamento e alinhar-se com a vontade de Deus.

A ausência de uma crucificação redentora em Barnabé também implica uma visão de redenção que não depende de um evento histórico singular. Para o cristianismo tradicional, a crucificação de Jesus é o ponto culminante do plano de salvação de Deus, um ato que transcende o tempo e resgata a humanidade de seus pecados. No entanto, o Evangelho de Barnabé apresenta uma perspectiva onde a redenção é alcançada por meio de uma jornada pessoal de arrependimento e de retidão, sem a necessidade de uma intervenção sacrificial. Essa visão propõe que a relação entre Deus e o homem se baseia na prática da fé e na conduta reta, e não em um ato redentor.

Barnabé também defende que a redenção é acessível a todos, independentemente de um evento externo que interfira diretamente em seu destino espiritual. A justiça de Deus, segundo Barnabé, é expressa em sua disposição de perdoar aqueles que sinceramente se voltam para Ele, sem a necessidade de um intermediário sacrificial. A redenção, portanto, é um processo que cada fiel pode alcançar diretamente, por meio de uma vida dedicada à justiça, ao bem e à observância da lei. Essa abordagem sugere que Deus valoriza a responsabilidade pessoal e a sinceridade do coração, oferecendo o perdão àqueles que se arrependem e buscam o caminho da retidão.

O conceito de redenção no Evangelho de Barnabé também destaca uma diferença fundamental em relação ao entendimento do pecado. Para Barnabé, o pecado não é uma condição herdada ou um fardo irrevogável, como na doutrina do pecado original. Em vez disso, cada pessoa é responsável por suas próprias ações e tem a capacidade de escolher entre o bem e o mal. Essa visão subverte a ideia de uma humanidade condenada desde o início e propõe que cada indivíduo é capaz de buscar a redenção por meio de suas próprias escolhas. Assim, o pecado é visto como uma transgressão pessoal, e o perdão divino é acessível àqueles que se arrependem e retornam ao caminho da justiça.

Essa noção de redenção não mediada transforma a imagem de Deus em uma figura que valoriza a justiça e a retidão sobre o sacrifício. Barnabé enfatiza que Deus não exige sangue ou sofrimento para perdoar, mas sim um coração sincero e uma disposição para mudar. Essa visão de Deus contrasta com a imagem de um ser que exige expiação por meio de um sacrifício redentor e sugere que a misericórdia divina está sempre disponível para aqueles que demonstram arrependimento. A redenção é, portanto, uma dádiva que Deus concede a partir de Sua própria compaixão e justiça, e não algo obtido por meio de um ato de sofrimento.

Além disso, o Evangelho de Barnabé coloca a redenção como um ideal ético e moral, onde o fiel é constantemente chamado a viver de acordo com os valores divinos. Barnabé propõe que a salvação se expressa na vida cotidiana e que cada ação é uma oportunidade de demonstrar devoção e obediência a Deus. Para ele, a verdadeira redenção é alcançada não pela crença em um sacrifício, mas pela prática contínua da fé e pelo esforço pessoal em ser uma pessoa melhor. Essa visão eleva a conduta ética a um papel central na busca espiritual e incentiva uma vida dedicada ao bem e à justiça.

O entendimento de redenção em Barnabé desafia, assim, o núcleo da teologia cristã tradicional e abre um espaço para uma espiritualidade mais prática, onde a fé se traduz em ações. A redenção deixa de ser um ato divino que altera o destino eterno da humanidade e se torna um processo de transformação pessoal que requer compromisso, responsabilidade e perseverança. Esse conceito coloca nas mãos de cada fiel o poder de se aproximar de Deus, independentemente de um evento externo que interceda em seu favor, promovendo uma visão de fé onde o esforço humano é a verdadeira via para alcançar o perdão e a comunhão divina.

Em última análise, a redenção no Evangelho de Barnabé é uma questão de justiça divina que recompensa o comportamento reto e pune a transgressão, mas sempre com a disposição de perdoar aqueles que se arrependem sinceramente. A rejeição de uma redenção sacrificial enfatiza a autonomia espiritual de cada indivíduo, permitindo que todos, por meio de sua própria conduta, busquem uma vida em harmonia com a vontade de Deus. Esse conceito de redenção reflete uma espiritualidade em que a transformação interior e o compromisso com o bem são os alicerces de uma relação autêntica com o divino.

Para Barnabé, a redenção é o reflexo de uma vida de virtude e dedicação à lei, uma comunhão alcançada pelo esforço pessoal e pela adesão fiel aos mandamentos de Deus. Essa abordagem desafia a ideia de uma redenção concedida passivamente, sugerindo que cada pessoa é capaz de moldar seu próprio caminho espiritual. Em vez de um evento de sacrifício que redime a todos, Barnabé propõe uma fé onde a redenção é uma busca diária, um processo de constante renovação e transformação em direção à retidão e à misericórdia.

Capítulo 21
A Ressurreição em Debate

A ressurreição de Jesus é um pilar essencial do cristianismo tradicional, considerado prova de sua divindade e a promessa de uma vida após a morte para todos os crentes. No entanto, o Evangelho de Barnabé apresenta uma versão alternativa que desafia essa narrativa, introduzindo uma compreensão radicalmente diferente sobre o que teria ocorrido após a crucificação, e, consequentemente, sobre a própria essência do cristianismo. O entendimento de Barnabé sobre a ressurreição e sua ausência na figura de Jesus propõe uma interpretação em que a esperança e a vida eterna não dependem de uma ressurreição miraculosa, mas de uma vida reta e de fé autêntica.

No Evangelho de Barnabé, a ressurreição não é mencionada como parte da vida de Jesus. Em vez disso, Barnabé narra um episódio em que Judas, confundido com Jesus, é quem sofre a crucificação. Dessa forma, não há necessidade de uma ressurreição para comprovar a divindade de Jesus, uma vez que, segundo essa versão, ele não foi crucificado. Esta ausência reconfigura a centralidade da ressurreição na fé e na salvação. Sem a ressurreição como prova de poder divino, a narrativa foca na mensagem ética e profética de Jesus, destacando o papel de suas palavras e ações em lugar de um milagre final que marcaria sua vitória sobre a morte.

Essa interpretação é uma ruptura teológica significativa, já que a ressurreição de Jesus nos evangelhos canônicos é o evento culminante que autentica sua mensagem e sua natureza divina. No cristianismo tradicional, a ressurreição assegura aos crentes que, assim como Jesus venceu a morte, eles também têm uma promessa de vida eterna. Mas Barnabé oferece uma versão que desvia esse foco, sugerindo que a vida após a morte e a proximidade com Deus dependem mais da observância dos mandamentos do que da crença em um evento miraculoso. Ele propõe uma redenção individual e pessoal, enfatizando que o verdadeiro milagre não é a superação da morte física, mas a transformação moral e espiritual de cada indivíduo.

Na tradição cristã, a ressurreição é frequentemente vista como o triunfo de Jesus sobre o pecado e a morte, um ato que abre as portas da salvação para toda a humanidade. Barnabé, no entanto, ao ignorar a ressurreição, faz um apelo à responsabilidade pessoal. O caminho para a eternidade, segundo ele, está acessível a todos que se dedicam à vida ética, ao cumprimento da lei e à observância dos princípios divinos. Em outras palavras, Barnabé concebe a vida eterna como uma recompensa direta à obediência e não como um resultado da fé em um evento específico que depende do sacrifício de um redentor.

O questionamento da ressurreição de Jesus também implica uma redefinição do conceito de vida eterna e da relação entre o homem e Deus. Na visão de Barnabé, a eternidade é uma consequência natural de uma vida vivida em retidão, sem a necessidade de mediação sobrenatural. Ele sugere que a comunhão com Deus e a promessa de uma vida além desta são construídas ao longo de uma vida justa e virtuosa. Essa interpretação se alinha a um monoteísmo mais próximo do judaísmo, onde a fé se expressa não por meio de milagres ou eventos espetaculares, mas pela adesão contínua aos mandamentos e pela prática da bondade.

A ausência de uma ressurreição também reflete uma postura que evita a sacralização de Jesus e reforça seu papel como profeta. Para Barnabé, Jesus é um guia espiritual que orienta seus seguidores a buscar uma conexão direta com Deus através do cumprimento das leis, e não um ser que transcende a humanidade por meio de um ato final de ressurreição. Este Jesus de Barnabé é completamente humano, e sua mensagem é acessível, baseada em uma moralidade que qualquer pessoa pode alcançar. A ressurreição, portanto, torna-se secundária, enquanto a ética e a prática da justiça se tornam o foco central de sua vida e ensinamentos.

Essa interpretação da ressurreição, ou da falta dela, desafia a ideia de que a fé cristã deve ser fundamentada na crença em milagres. Barnabé parece sugerir que o verdadeiro milagre é a transformação de uma vida pela fé e pela prática dos ensinamentos de Deus. O Evangelho de Barnabé, então, propõe uma espiritualidade onde o extraordinário não está na vitória física sobre a morte, mas na vitória moral e ética que cada pessoa pode alcançar ao seguir os princípios divinos. Essa abordagem também diminui a distinção entre o sagrado e o secular, já que qualquer pessoa pode seguir esse caminho, independentemente de seu papel religioso ou status espiritual.

Outro ponto relevante é que, ao não enfatizar a ressurreição, Barnabé acaba por desafiar a autoridade da Igreja como mediadora do mistério da salvação. Na tradição cristã, a Igreja assume o papel de guardiã do evento da ressurreição, orientando os crentes em como compreender e participar dessa vitória de Jesus sobre a morte. Para Barnabé, porém, a Igreja não é necessária para a comunhão com Deus, pois cada pessoa pode buscar a redenção por meio de seu próprio compromisso com a justiça e a fé. Assim, o papel do sacerdote ou da instituição religiosa é minimizado, e o relacionamento com o divino é simplificado para um nível pessoal e individual.

A ausência da ressurreição também elimina a necessidade de adoração a Jesus como um ser divino, direcionando a devoção unicamente para Deus. Na visão de Barnabé, Jesus não é o salvador que garante a vida eterna ao vencer a morte, mas um profeta que ensina o caminho para a comunhão com Deus. Ele enfatiza a unicidade de Deus, sem um redentor intermediário, e propõe que a fé verdadeira se manifesta na prática da justiça e na retidão. Essa abordagem aproxima a mensagem de Barnabé dos preceitos do judaísmo e até do islamismo, onde Jesus é reverenciado como profeta, mas sem um papel redentor.

O Evangelho de Barnabé oferece, assim, uma visão da ressurreição onde o valor espiritual de Jesus é mantido sem precisar recorrer ao milagre da ressurreição para autenticar sua mensagem. Para Barnabé, o foco está no legado dos ensinamentos e no exemplo de uma vida dedicada a Deus. Dessa forma, a vida eterna é uma promessa de Deus que depende da conduta de cada pessoa e não de uma intervenção divina que altera o curso natural da morte. A proposta de Barnabé questiona a necessidade de um evento físico para validar a fé e redefine a salvação como um resultado direto de uma vida reta e dedicada ao bem.

Em última análise, o debate sobre a ressurreição no Evangelho de Barnabé não é apenas uma divergência teológica, mas uma redefinição da fé, da ética e da responsabilidade espiritual. Ao ignorar o ato final de ressurreição, Barnabé convida seus seguidores a valorizar a prática contínua da bondade e a manter uma relação direta com Deus, onde a vida eterna não é um prêmio pela fé em um milagre, mas uma conquista pessoal obtida pela retidão. Esse posicionamento oferece uma perspectiva de salvação onde o compromisso moral é o verdadeiro alicerce da eternidade.

Capítulo 22
Influências Islâmicas

O Evangelho de Barnabé exibe, de modo notável, traços que refletem conceitos e narrativas encontradas no Islã, gerando questionamentos e debates entre estudiosos sobre as possíveis influências islâmicas que moldaram o texto. Embora a autoria e a data exata de sua composição sejam incertas, as semelhanças doutrinárias e temáticas entre o Evangelho de Barnabé e o Alcorão sugerem uma interconexão cultural e religiosa, apontando para um contexto onde o cristianismo e o islamismo coexistiam e, talvez, dialogavam.

Um dos paralelos mais evidentes entre o Evangelho de Barnabé e o Islã é a apresentação de Jesus como um profeta humano, mensageiro de Deus, sem qualquer indício de divindade. Essa visão de Jesus, compatível com a tradição islâmica, nega sua filiação divina e enfatiza seu papel como um servo dedicado e um guia moral, em vez de um salvador. No Alcorão, Jesus é descrito como um profeta altamente reverenciado, mas não como Filho de Deus ou como parte de uma Trindade. Essa similaridade levanta a hipótese de que o Evangelho de Barnabé pode ter sido influenciado ou adaptado em um ambiente islâmico, buscando alinhar a imagem de Jesus com o entendimento monoteísta estrito do Islã.

Além disso, o Evangelho de Barnabé, assim como o Alcorão, afirma que Jesus não foi crucificado, mas que Deus o protegeu de tal destino. Em ambos os textos, a crucificação é vista como uma ilusão, em que os inimigos de Jesus se confundem ao acreditar que o crucificaram. No Alcorão, o versículo afirma que "não o mataram, nem o crucificaram; mas isso lhes pareceu" (Surata 4:157), indicando que a crucificação foi evitada por intervenção divina. O Evangelho de Barnabé ecoa essa perspectiva ao narrar que Judas foi confundido com Jesus e que ele acabou sendo crucificado em seu lugar. Essa visão, compartilhada tanto no Evangelho de Barnabé quanto no Alcorão, subverte o elemento central da teologia cristã ortodoxa e aproxima a narrativa de uma compreensão islâmica.

A possibilidade de uma influência islâmica é ainda mais fortalecida pela presença, no Evangelho de Barnabé, de uma profecia que anuncia a vinda de um "Grande Profeta" após Jesus, que traria uma revelação definitiva à humanidade. Essa referência é interpretada por muitos como uma menção a Maomé, reconhecido no Islã como o "Selo dos Profetas", aquele que completa a sequência profética que começou com Abraão e culminou com ele próprio. Para os muçulmanos, essa profecia reforça a autenticidade do Evangelho de Barnabé e o conecta à tradição profética islâmica, na qual Jesus e Maomé são parte de uma linha contínua de mensageiros divinos.

Essas semelhanças doutrinárias sugerem que o Evangelho de Barnabé pode ter sido influenciado por um ambiente onde o Islã era predominante, ou, ao menos, onde existia uma convivência significativa entre cristãos e muçulmanos. Durante a Idade Média, especialmente em regiões como o Oriente Médio e a Península Ibérica, o intercâmbio cultural e religioso entre muçulmanos e cristãos era comum, e muitos textos religiosos circulavam e eram reinterpretados em função das realidades locais. Nesses contextos, a adaptação de narrativas religiosas para se alinhar com os valores e crenças dominantes da época era um fenômeno documentado, o que levanta a possibilidade de que o Evangelho de Barnabé tenha sido reescrito ou modificado para ressoar com a visão islâmica de Jesus.

Entretanto, é importante considerar que essas influências podem não ter sido uma tentativa deliberada de harmonizar o cristianismo com o Islã, mas sim um reflexo do diálogo e das trocas culturais em regiões onde ambas as religiões coexistiam. O

Islã e o cristianismo, embora distintos em várias doutrinas, compartilham raízes comuns no monoteísmo e na tradição abraâmica. O Evangelho de Barnabé pode ter sido escrito para apresentar uma ponte entre essas tradições, enfatizando os pontos em que suas crenças convergem e reinterpretando elementos cristãos de uma forma que não contradizesse a perspectiva islâmica.

A influência islâmica também é perceptível na maneira como o Evangelho de Barnabé aborda o conceito de idolatria e rejeita a adoração de Jesus. O texto constantemente reforça a unidade de Deus e critica qualquer tentativa de divinizar Jesus, uma crença que se alinha com o princípio islâmico de tawhid, ou a unicidade absoluta de Deus. Para o Islã, Deus é único, indivisível, e sem parceiros, e a ideia de Jesus como Filho de Deus é considerada uma forma de shirk, ou associação, o que equivale a um grave pecado. O Evangelho de Barnabé parece adotar essa perspectiva, promovendo uma devoção exclusiva a Deus e retratando Jesus como um profeta que ensina a verdadeira adoração ao Criador, sem qualquer sugestão de sua divindade.

Além dos paralelos teológicos, o Evangelho de Barnabé contém elementos de estilo e de terminologia que sugerem uma influência islâmica. Palavras, expressões e referências que ecoam o vocabulário do Alcorão ou que são mais comuns em textos islâmicos reforçam a hipótese de que o evangelho pode ter sido adaptado para uma audiência familiarizada com o Islã. Em particular, a linguagem usada para se referir a Deus e os títulos dados a Jesus, como "profeta" e "servo de Deus", são consistentes com os termos que o Alcorão utiliza para figuras proféticas.

No entanto, a conexão entre o Evangelho de Barnabé e o Islã não é completamente aceita por todos os estudiosos. Há aqueles que argumentam que, embora existam semelhanças, isso não prova que o texto tenha sido criado ou alterado em um contexto islâmico. Alguns estudiosos sugerem que o Evangelho de Barnabé pode ser o produto de uma tradição judaico-cristã que, desde os primeiros séculos, sustentava visões alternativas sobre Jesus e a salvação, e que essas visões simplesmente coincidem com algumas crenças islâmicas. Para esses estudiosos, o evangelho representa uma tentativa de preservar uma versão do cristianismo que manteve forte conexão com as tradições judaicas e que acabou, por coincidência, aproximando-se de certas doutrinas islâmicas.

Outros acadêmicos defendem que o Evangelho de Barnabé pode ter sido um texto produzido ou adaptado com o propósito de facilitar o entendimento entre muçulmanos e cristãos, servindo como uma ferramenta para o diálogo inter-religioso. Durante a Idade Média, quando as cruzadas e o contato frequente entre o mundo muçulmano e cristão incentivavam o confronto e também o intercâmbio, textos que buscassem uma linguagem comum entre as religiões poderiam desempenhar um papel estratégico e até diplomático. Se o Evangelho de Barnabé foi de fato concebido com essa intenção, ele poderia ter sido usado para construir uma base de respeito mútuo, destacando o que as duas religiões tinham em comum.

A influência islâmica no Evangelho de Barnabé, ou a interpretação de tais influências, levanta questões sobre a autenticidade e o propósito do texto. Alguns veem essas semelhanças como prova de que o evangelho não representa uma tradição cristã autêntica, mas sim uma adaptação que busca uma narrativa mais aceitável para os muçulmanos. Outros consideram que o evangelho é um testemunho de uma diversidade de interpretações cristãs e que sua semelhança com o Islã pode indicar uma raiz comum ou uma busca por um entendimento alternativo de Jesus, alinhado ao monoteísmo estrito.

Seja como for, a análise das possíveis influências islâmicas sobre o Evangelho de Barnabé destaca a complexidade das interações culturais e religiosas na formação de textos sagrados. O evangelho pode ser visto tanto como um produto de sincretismo religioso quanto como uma tentativa de preservar uma versão particular da mensagem de Jesus, que dialoga com o monoteísmo absoluto do Islã. A convivência entre cristãos e muçulmanos em territórios compartilhados ao longo da história proporcionou o espaço para essas interações, e textos como o

Evangelho de Barnabé talvez reflitam não apenas uma fé, mas também uma busca por harmonia e entendimento entre diferentes tradições.

Essas dinâmicas levantam reflexões importantes sobre a natureza da fé e da identidade religiosa. Enquanto alguns insistem na pureza doutrinária e na distinção entre as crenças, outros sugerem que a religião é, em muitos casos, um processo de adaptação e diálogo com o contexto cultural ao redor. O Evangelho de Barnabé exemplifica essa tensão entre a preservação da identidade religiosa e a influência de um ambiente multifacetado, onde as fronteiras entre as crenças nem sempre são claras e rígidas.

Em última análise, a história do Evangelho de Barnabé e suas semelhanças com o Islã remetem a uma época de fluidez espiritual, na qual as tradições abraâmicas compartilham raízes e, em alguns casos, perspectivas comuns sobre temas essenciais. A influência islâmica no Evangelho de Barnabé, seja direta ou indireta, levanta questões sobre como diferentes versões de uma mesma história podem coexistir e influenciar uma à outra, moldando a maneira como figuras religiosas são compreendidas e veneradas.

Assim, a análise deste evangelho não se limita à identificação de influências externas, mas também à compreensão de como as interpretações de figuras como Jesus evoluem para refletir novas perspectivas, mantendo, ao mesmo tempo, sua essência espiritual. O estudo do Evangelho de Barnabé é, portanto, não apenas uma exploração teológica, mas também uma reflexão sobre o impacto do encontro de culturas e a contínua busca da humanidade por significado e conexão com o divino.

Capítulo 23
Elementos de Judaísmo no Evangelho

O Evangelho de Barnabé revela, em muitos aspectos, um profundo enraizamento nas tradições e no simbolismo do judaísmo. Ao longo do texto, Barnabé enfatiza a importância da lei mosaica e incorpora referências frequentes a costumes, profecias e ensinamentos judaicos, sugerindo que sua versão dos eventos em torno de Jesus é inseparável da tradição judaica. Esse foco reforça a ideia de que o Evangelho de Barnabé busca recuperar uma interpretação de Jesus como um profeta que permanece fiel às leis de Moisés, subvertendo, assim, a visão cristã tradicional que vê Jesus como o fundador de uma nova aliança desvinculada da lei judaica.

Um dos aspectos mais marcantes desse enraizamento no judaísmo é a insistência de Barnabé na continuidade da lei mosaica como fundamento da fé e da salvação. Em contraste com os evangelhos canônicos, onde Jesus apresenta um novo mandamento de amor e muitas vezes relativiza os aspectos ritualísticos da lei, Barnabé reforça a necessidade de observar os mandamentos de Moisés. Para ele, Jesus não veio para abolir ou reinterpretar a lei, mas para reafirmá-la e orientar o povo de Israel de volta a uma prática rigorosa da tradição judaica. Esse apego à lei é evidente em várias passagens do evangelho, onde Barnabé repreende qualquer sugestão de que a fé em Deus possa prescindir do cumprimento dos mandamentos.

A valorização da lei em Barnabé reflete uma visão que vê o cristianismo como uma extensão do judaísmo, em vez de uma ruptura com ele. Essa abordagem encontra paralelo em grupos judaico-cristãos primitivos, como os ebionitas, que acreditavam que a observância da lei mosaica continuava sendo uma exigência para os seguidores de Jesus. Assim como Barnabé, esses grupos consideravam Jesus um messias judeu, um profeta que não reivindicava uma natureza divina, mas que chamava à obediência e à prática dos mandamentos. No Evangelho de Barnabé, a observância da lei é um tema central, e qualquer ideia de salvação desvinculada da prática da lei é firmemente rejeitada.

Outro ponto que demonstra a conexão com o judaísmo é a visão de Barnabé sobre a figura de Jesus e seu papel como messias. Para Barnabé, Jesus não é o Filho de Deus, mas um profeta, um messias humano enviado exclusivamente ao povo de Israel para ensinar e lembrar a importância da lei. Essa perspectiva está alinhada com uma tradição judaica que esperava o messias como um líder humano, um redentor político e espiritual, mas não como uma figura divina. Jesus, segundo Barnabé, é um profeta que confirma a aliança de Deus com Israel e que chama o povo de volta ao caminho da retidão e da obediência. Essa interpretação do messianismo ressalta o aspecto judaico da missão de Jesus e rejeita a ideia de sua divindade, colocando-o em um papel de liderança profética e moral.

O Evangelho de Barnabé também utiliza frequentemente o Antigo Testamento para justificar suas interpretações e reafirmar a missão de Jesus como uma continuação da história judaica. Ao contrário dos evangelhos canônicos, que às vezes se distanciam das profecias judaicas ou as reinterpretam para se ajustarem à narrativa cristã, Barnabé se apega fortemente às profecias de Moisés e dos profetas hebraicos. Ele recorre a textos e profecias do Antigo Testamento como fundamento para validar a autoridade de Jesus e para destacar a continuidade do plano divino, que não exclui os mandamentos da lei. Essa ênfase nas profecias e nos textos sagrados judaicos coloca Jesus como parte de uma tradição ininterrupta e sugere que sua mensagem deve ser compreendida à luz da revelação judaica.

A centralidade da tradição judaica é também observada na insistência de Barnabé em ritos e observâncias judaicas, como a circuncisão. Diferentemente de Paulo, que argumentava que a circuncisão não era necessária para os gentios convertidos ao cristianismo, Barnabé considera esse rito um sinal sagrado e indispensável da aliança entre Deus e seu povo. Para Barnabé, a circuncisão é uma prova de obediência e fidelidade à lei de Moisés e uma expressão física da conexão do povo de Israel com Deus. A rejeição desse rito, ou sua relativização, como fez Paulo, é vista como uma ruptura com a tradição e uma afronta à aliança divina estabelecida com Abraão.

Essa posição sobre a circuncisão coloca Barnabé em oposição à doutrina paulina e o aproxima de uma perspectiva judaica mais rigorosa. Ao valorizar ritos como a circuncisão e o cumprimento estrito das leis alimentares e do sábado, o Evangelho de Barnabé propõe um caminho de espiritualidade onde a fé é inseparável da prática. Essa ênfase em ritos e mandamentos reforça a identidade judaica do movimento e sugere que Barnabé via o cristianismo como um retorno às origens, um chamado para seguir os preceitos antigos, em vez de inaugurar uma nova doutrina que eliminasse esses aspectos da vida religiosa.

Outro elemento que indica uma influência judaica é a forma como Barnabé aborda o conceito de pecado e redenção. Para ele, o pecado é uma transgressão individual e pessoal, algo que deve ser corrigido por meio do arrependimento e da adesão à lei. Essa visão contrasta com a ideia do pecado original, que foi desenvolvida posteriormente pelo cristianismo e que sugere que toda a humanidade está marcada pelo pecado de Adão e Eva. No Evangelho de Barnabé, cada indivíduo é responsável por seus próprios atos, e a redenção é alcançada por meio da reconciliação com Deus e da prática da retidão. Esse conceito está em sintonia com uma visão judaica de justiça, onde o perdão e a salvação são resultados diretos da obediência e do arrependimento sincero.

O Evangelho de Barnabé ainda destaca uma perspectiva judaica sobre o monoteísmo, defendendo a unidade de Deus de forma rigorosa e rejeitando qualquer divisão na divindade. Barnabé vê a doutrina da Trindade como uma adulteração da pureza do monoteísmo e insiste na indivisibilidade de Deus. Essa rejeição da Trindade reflete o monoteísmo estrito característico do judaísmo e sublinha a incomparabilidade de Deus, posicionando Jesus como um ser humano escolhido por Deus para cumprir uma missão, mas sem compartilhar a natureza divina. Essa ênfase na unicidade de Deus está alinhada com o conceito judaico de YHWH como o único e verdadeiro Deus e reflete a intenção de Barnabé de preservar a visão de Deus como totalmente transcendente e indivisível.

Em muitos aspectos, o Evangelho de Barnabé se aproxima de uma espiritualidade que valoriza o estudo, a prática da justiça e o arrependimento como formas de aproximação com o divino. Para Barnabé, a essência da fé está na observância dos preceitos divinos e na transformação interior, e não na crença em um evento sacrificial ou em uma mediação divina. Esse enfoque no comportamento ético e na prática da lei aproxima sua visão de uma abordagem judaica, onde o relacionamento com Deus é construído por meio do cumprimento dos mandamentos e de uma vida moralmente íntegra. A crença em uma redenção universal ou na divindade de um intermediário é rejeitada, reforçando o caminho da salvação como algo acessível por meio da prática contínua da retidão.

Essa interpretação de Barnabé traz à tona uma visão do cristianismo que poderia ter seguido uma trajetória muito próxima do judaísmo e que, no entanto, foi relegada a uma posição marginal à medida que a Igreja consolidava sua teologia em torno da divindade de Jesus e da nova aliança desvinculada da lei. A visão de Barnabé lembra os leitores de que, em seus primórdios, o cristianismo era um movimento entrelaçado com o judaísmo e que considerava a obediência aos mandamentos como uma expressão genuína de fé. Sua insistência na lei é um testemunho dessa continuidade com as raízes judaicas e de uma tradição que vê na prática da retidão o caminho mais seguro para alcançar a graça divina.

Em última análise, o Evangelho de Barnabé, com seus elementos judaicos, oferece uma perspectiva alternativa ao cristianismo tradicional, destacando uma interpretação onde Jesus é um mensageiro do retorno às origens da fé em Deus. Ao valorizar a lei, Barnabé redefine a salvação como uma busca ativa por justiça e obediência, apresentando um cristianismo que preserva o respeito pelas tradições mosaicas. Essa visão de Barnabé sugere um cristianismo que é, em essência, um chamado ao arrependimento e à prática, uma interpretação que retira o foco de eventos milagrosos e o coloca nas mãos dos fiéis, cujo destino está ligado à sua capacidade de seguir a lei divina.

Capítulo 24
Maria e o Evangelho de Barnabé

No Evangelho de Barnabé, a figura de Maria é retratada de forma que contrasta significativamente com as descrições da tradição cristã ortodoxa, onde ela é venerada como a Mãe de Deus e ocupa uma posição quase divina. Em vez disso, Barnabé apresenta Maria como uma mulher de extraordinária devoção, uma figura humana que reflete as virtudes de humildade, fé e obediência. Sua importância no evangelho está mais ligada ao papel de exemplo espiritual do que a qualquer atributo ou qualidade divina, o que posiciona Maria como uma figura inspiradora, mas inteiramente humana.

Maria, para Barnabé, representa o modelo de fé pura e simples, alguém que vive em estrita fidelidade a Deus e que demonstra o ideal da submissão absoluta à vontade divina. Em vez de receber adoração ou veneração, como ocorre em várias tradições cristãs, Maria é reverenciada no Evangelho de Barnabé pela simplicidade de sua fé e por sua dedicação à lei e aos preceitos de Deus. Essa visão está alinhada com a perspectiva do evangelho de que todos os seres humanos, independentemente de sua proximidade com figuras proféticas, são essencialmente iguais perante Deus e devem se guiar pela mesma busca de retidão.

O papel de Maria no Evangelho de Barnabé parece refletir um retorno à humanidade, distanciando-a da interpretação que a eleva à condição de corredentora ou intercessora, uma visão presente em certos segmentos da tradição cristã. Aqui, Maria é vista como uma mulher abençoada, mas ainda assim humana, cuja força espiritual reside na fé e na obediência, sem atribuições de divindade. A ausência de elementos sobrenaturais em sua figura ressalta o enfoque de Barnabé em um monoteísmo rigoroso, onde não há espaço para intermediários divinizados entre Deus e o homem, e onde cada indivíduo é chamado a buscar sua própria comunhão direta com o Criador.

No Evangelho de Barnabé, Maria também é apresentada de maneira a reforçar a missão de Jesus como profeta, e não como uma figura divina. A maternidade de Maria é um aspecto importante, mas não sagrado no sentido cristão tradicional. Ela é vista como a mãe de um profeta e não como a "Mãe de Deus", o que realça a visão de Barnabé sobre Jesus como um servo de Deus, separado de qualquer traço de divindade. Assim, Maria não é uma ponte entre o homem e Deus, mas sim um exemplo de devoção que inspira aqueles que buscam se aproximar de Deus por meio da prática da fé e da obediência.

A narrativa de Barnabé também atribui a Maria uma posição de respeito, mas sem o elemento de intercessão atribuído a ela no cristianismo tradicional. Ela não é invocada como mediadora de graças ou bênçãos divinas. Em vez disso, Barnabé ressalta a dignidade de Maria ao retratá-la como uma mulher que aceita a missão de seu filho com um entendimento profundo do papel de Jesus como profeta e mensageiro de Deus. Essa posição reflete um distanciamento do conceito de Maria como mãe divina e aproxima-se de uma visão mais humana, onde seu valor está em sua compreensão espiritual e em sua aceitação da vontade de Deus.

Além disso, a forma como Maria é representada no Evangelho de Barnabé também reflete uma perspectiva que é mais compatível com as tradições judaica e islâmica. No judaísmo, figuras femininas sagradas são reverenciadas por sua piedade e seu papel na continuidade da fé, mas não são elevadas a um status sobrenatural. De maneira semelhante, no Islã, Maria (ou Maryam) é uma figura respeitada e reverenciada como mãe de um dos profetas, mas sem conotações divinas. Assim, o Evangelho de Barnabé posiciona Maria em um contexto religioso onde sua santidade é expressa pela pureza de sua fé e de sua vida, sem ultrapassar os limites do monoteísmo estrito que caracteriza o judaísmo e o Islã.

O retrato de Maria no Evangelho de Barnabé também pode ser visto como uma resposta às interpretações que, ao longo da história, elevaram Maria a uma posição quase equivalente à de Jesus em termos de intercessão e de devoção popular. Para Barnabé, o foco da fé deve permanecer em Deus, e Maria, como serva fiel e modelo de fé, serve para lembrar os crentes da importância da humildade e da entrega à vontade divina. Ele rejeita a ideia de que qualquer figura humana, por mais próxima que esteja do sagrado, deva receber uma devoção que se assemelhe à adoração de Deus.

A ênfase na simplicidade de Maria como um exemplo de fé pura ressoa com a mensagem geral do Evangelho de Barnabé, onde o próprio Jesus é apresentado como um profeta que encoraja a humildade e a obediência a Deus. Assim, Maria é uma extensão dessa mesma mensagem, um exemplo de que a proximidade com Deus não requer status sobrenatural, mas uma vida de devoção, simplicidade e retidão. Sua importância no evangelho está menos na relação biológica com Jesus e mais em seu papel como um modelo moral que qualquer pessoa pode aspirar a seguir.

Para Barnabé, a figura de Maria também destaca o papel fundamental da família na transmissão da fé e na manutenção dos valores espirituais. A ligação entre Maria e Jesus, assim como sua posição de respeito dentro da narrativa, reforça a ideia de que a fé é algo que pode ser vivido e transmitido na intimidade familiar. A presença de Maria como mãe dedicada e fiel torna-se um símbolo da continuidade da tradição, onde o conhecimento e a prática dos mandamentos são passados de geração em geração. Essa representação contrasta com a veneração de Maria como uma figura celestial e a mostra como uma mulher comum, mas exemplar, cuja vida testemunha a fidelidade e o amor a Deus.

Maria, no Evangelho de Barnabé, é também um lembrete da natureza humana de todos aqueles que seguem a Deus. Ela representa a humildade e a graça, qualidades que Barnabé valoriza ao longo de sua obra e que vê como essenciais para a verdadeira comunhão com o divino. A recusa em atribuir-lhe qualquer papel divino ou intermediário reforça a ideia de que a salvação e a relação com Deus não dependem de mediadores, mas da prática da retidão e do compromisso pessoal com a fé. Barnabé, ao retratar Maria de maneira tão humana, enfatiza a universalidade de sua mensagem: todos são chamados a seguir o caminho de Jesus e de Maria, não por meio de milagres ou de uma natureza sagrada, mas pela força da fé e da obediência.

Por fim, a figura de Maria no Evangelho de Barnabé serve como uma ponte simbólica para os leitores que buscam uma espiritualidade menos centrada no sobrenatural e mais focada na prática diária da fé. Maria, como mãe, como fiel e como exemplo de humildade, representa uma espiritualidade acessível, próxima das experiências comuns. Ao longo do texto, Barnabé a utiliza como um símbolo de pureza e de simplicidade, recordando aos leitores que a verdadeira grandeza na fé está em viver de acordo com os mandamentos e em manter uma relação sincera e humilde com Deus.

Essa interpretação de Maria, então, subverte a elevação que outras tradições cristãs fizeram dela e a coloca de volta como uma figura próxima dos fiéis. Barnabé vê em Maria uma mulher que, como qualquer outra, enfrentou desafios, mas que, pela força de sua fé, serve como exemplo de retidão. Sua simplicidade torna-se um ideal de pureza e devoção, e sua vida, uma lembrança de que todos, independentemente de seu status, podem buscar uma conexão verdadeira e direta com Deus.

Capítulo 25
A Ascensão de Jesus

No Evangelho de Barnabé, o relato da ascensão de Jesus é apresentado de forma distinta daquela encontrada nos evangelhos canônicos, onde a ascensão é descrita como o momento final de glória e triunfo divino de Jesus sobre a morte e como uma demonstração de sua divindade. Barnabé, no entanto, descreve a ascensão com uma abordagem que subtrai qualquer elemento de divindade, enfocando-a como um ato de preservação divina e reafirmando a missão profética de Jesus. Esse ponto de vista sugere uma narrativa onde Jesus é conduzido ao céu, mas não como Filho de Deus, e sim como um profeta protegido pelo poder divino, sem envolver a ideia de uma natureza transcendente.

A ascensão de Jesus, segundo Barnabé, ocorre após o episódio da crucificação, quando Judas é confundido com Jesus e termina sendo crucificado em seu lugar. Barnabé descreve que, em um ato de misericórdia e proteção, Deus eleva Jesus ao céu, preservando-o dos eventos violentos que se desenrolam na Terra. Essa ascensão, portanto, não é um ato que confere a Jesus uma posição celestial divina, mas uma forma de escape providencial. Em vez de simbolizar uma vitória sobre a morte como nos evangelhos canônicos, a ascensão em Barnabé reflete a compaixão de Deus em proteger seu profeta, uma ação que realça a humanidade de Jesus e sua relação direta com Deus.

O simbolismo da ascensão em Barnabé reforça a ideia de que Jesus é um servo escolhido de Deus, um profeta honrado, mas inteiramente humano. Para Barnabé, o fato de Jesus ser elevado ao céu sem experimentar a crucificação autentica sua missão como profeta, mostrando que a obediência e a devoção a Deus são recompensadas com a proteção divina. Essa visão contrasta radicalmente com a tradição cristã, na qual a ascensão ocorre após a ressurreição, demonstrando a natureza divina de Jesus e sua posição como mediador entre Deus e a humanidade. Barnabé, porém, distancia-se dessa interpretação ao apresentar a ascensão como uma recompensa pela retidão e pela fidelidade de Jesus, um exemplo para todos os que seguem o caminho de Deus.

A narrativa de Barnabé sobre a ascensão também ressoa com a perspectiva islâmica, onde Jesus (conhecido como Isa no Alcorão) é protegido por Deus e levado aos céus, escapando da crucificação. O Alcorão afirma que Jesus não foi crucificado e que "Deus o elevou para Si" (Surata 4:158), destacando o cuidado de Deus para com seu profeta. Essa similaridade entre Barnabé e o Alcorão fortalece a hipótese de que o evangelho pode ter sido influenciado por contextos islâmicos ou por uma tentativa de reconciliar as crenças entre muçulmanos e certos grupos cristãos que também rejeitavam a crucificação como elemento central da fé.

No Evangelho de Barnabé, a ascensão de Jesus assume um papel menos espetacular e mais íntimo, focando-se na proximidade de Jesus com Deus e no compromisso mútuo entre o profeta e o Criador. Não há um alarde de glória divina ou uma apoteose, como é sugerido nos textos canônicos. A descrição é discreta, quase como um retorno sereno de Jesus ao lugar que lhe cabe ao lado de Deus, sem uma transformação de sua natureza. Essa visão da ascensão como um ato natural de preservação destaca a ideia de Barnabé sobre a relação entre Deus e Seus mensageiros: uma relação de cuidado e proteção, em que Deus preserva aqueles que o servem fielmente, sem a necessidade de eventos sobrenaturais espetaculares.

Barnabé também utiliza a ascensão de Jesus para reforçar sua ênfase no monoteísmo. Ao apresentar uma ascensão sem elementos que sugiram a divindade de Jesus, Barnabé sublinha a ideia de que somente Deus é digno de adoração e de glória. Jesus, como profeta, é exaltado pela retidão de sua vida, mas não assume um status divino. Para Barnabé, a ascensão reafirma a unidade de Deus e o papel de Jesus como um profeta humano, destacando que sua missão foi cumprir e transmitir a vontade divina, sem ultrapassar os limites de sua humanidade.

A ausência de uma ressurreição física antes da ascensão reforça essa visão e elimina qualquer necessidade de um milagre que valide a divindade de Jesus. Nos evangelhos canônicos, a ressurreição é o evento que precede e legitima a ascensão, simbolizando o triunfo sobre a morte e a posição única de Jesus. Em Barnabé, no entanto, a ascensão é uma ação de proteção e honra, sem qualquer referência a uma ressurreição corpórea. Esse enfoque estabelece uma visão de Jesus como um homem puro e devoto, cuja ascensão é um sinal de aprovação divina, mas sem atribuição de uma natureza transcendente.

Barnabé também usa a ascensão para reiterar a missão de Jesus como uma continuidade da tradição profética judaica. Ao ser elevado sem a experiência da morte violenta, Jesus é associado a outros profetas que, segundo a tradição, foram poupados de mortes trágicas ou conduzidos a um destino especial como recompensa por sua devoção. A ascensão de Elias, por exemplo, é frequentemente lembrada nas tradições judaicas e islâmicas como um paralelo a essa ideia de preservação divina para os justos. Barnabé parece, assim, reafirmar que Jesus, como Elias, é parte da linhagem dos profetas que receberam um destino especial, mas sem necessidade de divindade.

A ascensão descrita no Evangelho de Barnabé destaca, portanto, uma visão de salvação e de vida eterna que é alcançada por meio da pureza, da fé e do compromisso com Deus. Barnabé sugere que a ascensão é acessível àqueles que vivem conforme a lei e os mandamentos, e não como um evento exclusivo de Jesus. Essa perspectiva universaliza a experiência da ascensão, que deixa de ser um privilégio divino e passa a ser um objetivo para todos os que seguem o caminho de Deus, uma promessa de que a obediência e a retidão serão recompensadas.

Essa abordagem transforma a ascensão de Jesus em uma mensagem de esperança para todos, sem a necessidade de uma natureza divina como pré-requisito para a proximidade com Deus. Para Barnabé, o foco está na acessibilidade da experiência espiritual e na possibilidade de comunhão direta com o Criador. A ascensão, dessa forma, torna-se um símbolo do prêmio reservado aos justos e não uma prova da divindade de um único indivíduo. Esse ponto de vista enfatiza a universalidade da promessa divina e a abertura de Deus a todos que desejam servi-Lo com sinceridade e devoção.

    O Evangelho de Barnabé, então, redefine a ascensão de Jesus como um ato de justiça divina, um gesto de preservação que reafirma a dignidade dos que escolhem viver de acordo com a vontade de Deus. A narrativa de Barnabé oferece uma alternativa onde o acesso a Deus é direto e igual para todos, e onde a salvação e a ascensão não dependem de uma condição divina, mas da conduta moral e da fé. Nesse contexto, a ascensão de Jesus é menos um evento divino exclusivo e mais um lembrete do potencial de cada indivíduo de encontrar uma comunhão íntima com Deus através de uma vida reta e fiel.

Capítulo 26
A Questão dos Milagres

No Evangelho de Barnabé, os milagres de Jesus são abordados de maneira que enfatiza sua função como sinais da misericórdia e do poder de Deus, e não como manifestações de uma divindade inerente a Jesus. Barnabé apresenta os milagres de uma forma cuidadosa, afastando-se da interpretação tradicional cristã que os vê como provas da natureza divina de Jesus. Para Barnabé, os milagres são ações de Deus realizadas através de Jesus, que atua como um profeta e servo fiel, plenamente humano, que age sempre sob a direção e o poder divino.

Barnabé descreve que Jesus cura os doentes, expulsa demônios, multiplica alimentos e realiza outras maravilhas, mas sempre atribuindo essas ações ao favor e à intervenção de Deus. A mensagem central desses milagres é o poder de Deus e a capacidade de Jesus de se submeter plenamente a Ele, em vez de reivindicar qualquer poder próprio. Barnabé faz questão de retratar Jesus como um canal do poder divino, e não como sua fonte. Dessa forma, os milagres reafirmam a posição de Jesus como profeta, semelhante a Moisés, Elias e outros mensageiros divinos que, ao longo da história judaica, também realizaram atos extraordinários sem jamais se desvincularem de sua condição humana.

Essa visão dos milagres como atos de obediência e dependência de Deus reforça o monoteísmo rigoroso presente no Evangelho de Barnabé. Jesus, ao realizar milagres, está simplesmente cumprindo o papel de um profeta abençoado, dotado de dons espirituais para servir como testemunha do poder de Deus. Essa interpretação faz com que os milagres não sejam sinais de divindade, mas exemplos de uma fé absoluta e de um alinhamento completo entre a vontade do profeta e a de Deus. Para Barnabé, os milagres não têm a intenção de transformar Jesus em objeto de adoração, mas de demonstrar a profundidade de sua conexão com o Criador, sua obediência e sua missão de guiar o povo para a verdadeira fé.

O enfoque de Barnabé nos milagres como expressões de fé e submissão a Deus também difere da interpretação paulina que sugere que os milagres são uma confirmação da nova aliança entre Deus e a humanidade por meio de Jesus. Em Barnabé, os milagres de Jesus reafirmam a continuidade da fé judaica e a observância da lei mosaica. Jesus, ao curar e ensinar, está seguindo o exemplo de profetas anteriores, demonstrando que a verdadeira fé continua a ser a obediência às leis de Moisés. Ele realiza milagres para atrair as pessoas de volta ao caminho do monoteísmo estrito e da prática dos mandamentos, sem sugerir que traz uma mensagem nova ou que inaugura uma nova era.

O Evangelho de Barnabé apresenta os milagres como eventos que não se afastam do mundo natural, mas que revelam a ordem divina presente na criação. Quando Barnabé descreve Jesus alimentando uma multidão ou curando leprosos, ele não vê esses eventos como rupturas das leis da natureza, mas como exemplos da misericórdia de Deus agindo para restaurar a ordem e o bem-estar. Essa visão reflete uma espiritualidade onde os milagres não representam uma interferência dramática no curso natural da vida, mas uma restauração da harmonia, uma manifestação da justiça e da bondade de Deus em resposta à fé e à necessidade humanas.

A descrição de Barnabé dos milagres também os apresenta como atos de compaixão e de serviço, despojados de qualquer elemento que possa sugerir autoglorificação ou um desejo de impressionar. Jesus, em Barnabé, realiza milagres com um espírito de humildade, usando esses dons para aliviar o sofrimento e fortalecer a fé nas comunidades que o cercam. Essa abordagem é consistente com a representação de Jesus como um servo de

Deus, alguém cujo papel é transmitir a compaixão e a sabedoria divinas de forma prática e visível, ajudando os necessitados e oferecendo esperança aos oprimidos, mas sem jamais reivindicar o crédito para si.

Outro aspecto notável no Evangelho de Barnabé é a ausência de uma teologia dos milagres que os considere essenciais para a salvação ou para a compreensão da fé. Em vez de serem apresentados como fenômenos espetaculares que validam a mensagem de Jesus, os milagres são retratados como momentos de assistência divina, uma extensão do amor de Deus para com a humanidade. Essa visão sugere que, para Barnabé, o verdadeiro valor dos milagres está em sua capacidade de inspirar uma prática de fé e de lembrar as pessoas do poder de Deus. A salvação e o caminho espiritual, segundo Barnabé, não dependem dos milagres, mas do compromisso contínuo com a prática dos mandamentos.

Barnabé também usa os milagres para sublinhar a condição humana de Jesus, colocando-o ao lado de outros profetas que, com a permissão de Deus, realizaram feitos extraordinários. Ao atribuir os milagres exclusivamente à vontade de Deus, Barnabé desafia qualquer noção de que Jesus poderia agir por um poder próprio. Cada milagre é um testemunho da devoção de Jesus e de sua dependência total de Deus. Esse enfoque enfatiza o monoteísmo rigoroso que permeia o Evangelho de Barnabé, afastando qualquer possibilidade de divinização de Jesus.

A visão de Barnabé sobre os milagres oferece, assim, uma espiritualidade onde a fé se baseia mais na prática e na observância do que na expectativa de intervenções sobrenaturais. Ele sugere que a relação com Deus é construída por meio de uma fé ativa, onde a obediência e a retidão são o verdadeiro caminho para a proximidade com o Criador. Os milagres são sinais da bondade divina, mas não são o objetivo final da fé. Esse entendimento reduz a importância dos milagres enquanto prova de fé, transformando-os em demonstrações de amor e compaixão, e não em fundamentos de uma crença.

Para Barnabé, a busca pela proximidade com Deus não deve se basear em sinais e prodígios, mas em uma dedicação ao que é correto e justo. Os milagres, portanto, se tornam secundários, e o verdadeiro propósito da fé está na prática diária dos valores divinos. Barnabé parece alertar contra o risco de ver os milagres como o foco da fé e, em vez disso, incentiva seus leitores a buscarem um relacionamento com Deus por meio da ética, do compromisso e da prática. Ele vê os milagres como manifestações do apoio divino para aqueles que seguem o caminho da obediência e como um meio de fortalecer a fé, mas nunca como o cerne da relação com Deus.

A maneira como Barnabé aborda os milagres também desafia o conceito de que a fé depende de demonstrações extraordinárias. Em seu evangelho, a fé é validada e nutrida por meio da retidão e da observância dos mandamentos, enquanto os milagres funcionam apenas como encorajamento para continuar no caminho da justiça. Dessa forma, Barnabé apresenta uma espiritualidade pragmática, onde a crença em Deus se reflete menos na expectativa de milagres e mais na capacidade de viver de maneira ética, em harmonia com os preceitos divinos.

Em última análise, o Evangelho de Barnabé redefine os milagres como parte da caminhada de fé, um lembrete do cuidado de Deus, mas não uma condição para a fé ou uma prova da divindade de Jesus. Ao relatar os milagres como atos de compaixão e serviço, Barnabé convida seus leitores a entenderem a espiritualidade como uma prática cotidiana de humildade e obediência. Os milagres, nesse contexto, são um reflexo da presença de Deus e um incentivo para aqueles que buscam a retidão, um lembrete de que o poder divino está sempre próximo, mas que a verdadeira fé reside em uma vida dedicada à bondade e à justiça.

Capítulo 27
Relatos Contraditórios

O Evangelho de Barnabé apresenta uma narrativa que diverge de maneira significativa dos evangelhos canônicos, suscitando questionamentos e interpretações conflitantes. As discrepâncias entre os eventos e a caracterização de figuras centrais nos relatos de Barnabé e nos evangelhos tradicionais — especialmente nos aspectos relacionados à identidade de Jesus, ao papel de Judas e à crucificação — apontam para diferenças ideológicas e teológicas que moldaram visões distintas sobre a vida e a mensagem de Jesus. Essas contradições, cuidadosamente enfatizadas por Barnabé, refletem uma tentativa de apresentar uma interpretação alternativa e, por vezes, oposta aos elementos centrais do cristianismo tradicional.

Um dos pontos mais emblemáticos de contradição no Evangelho de Barnabé é a negação da divindade de Jesus, uma afirmação fundamental nos evangelhos canônicos e na teologia cristã. Enquanto Mateus, Marcos, Lucas e João apresentam Jesus como o Filho de Deus e como o cumprimento das profecias messiânicas, Barnabé oferece uma visão onde Jesus é um profeta humano, dotado de sabedoria e de poder espiritual, mas inteiramente subordinado a Deus. Para Barnabé, a ideia de uma Trindade é impensável e contrária ao monoteísmo estrito que ele defende. Essa contradição básica não apenas desafia a visão cristológica canônica, mas também sugere um retorno a uma interpretação de Jesus mais alinhada com o judaísmo, em que o messias é uma figura humana destinada a liderar espiritualmente, sem compartilhar da natureza divina.

Outro ponto de divergência substancial é a descrição de Judas como o verdadeiro crucificado em lugar de Jesus. Nos evangelhos tradicionais, Judas é o traidor que entrega Jesus aos soldados romanos, levando à prisão e subsequente crucificação de Cristo. No Evangelho de Barnabé, no entanto, uma troca milagrosa ocorre, na qual Judas é transformado para se assemelhar a Jesus, e termina crucificado em seu lugar. Essa versão desafia diretamente a narrativa da crucificação como o sacrifício redentor que expia os pecados da humanidade, essencial à fé cristã. Ao substituir Jesus por Judas na cruz, Barnabé reinterpreta o evento central da paixão, sugerindo que Deus não permitiria que seu profeta fosse morto de maneira tão trágica, o que altera profundamente o entendimento teológico da redenção e do papel de Jesus na salvação.

Barnabé também contradiz os evangelhos canônicos ao apresentar uma perspectiva de Jesus como alguém que não se via como salvador divino, mas como um profeta destinado a reafirmar a lei mosaica. Enquanto os evangelhos de Mateus e Lucas, por exemplo, contêm ensinamentos onde Jesus interpreta ou transcende certas leis judaicas, em Barnabé, Jesus é rigorosamente fiel aos preceitos mosaicos, exortando seus seguidores a observarem a lei com total dedicação. Essa divergência sugere uma visão de Jesus que, em vez de inaugurar uma nova aliança, busca restaurar o compromisso com as leis antigas. Barnabé usa esse enfoque para reforçar que a salvação é alcançada pela obediência aos mandamentos e pela vida reta, afastando-se do conceito de graça e de fé em um sacrifício redentor.

As contradições entre Barnabé e os evangelhos canônicos também se estendem à relação de Jesus com Deus. Nos evangelhos canônicos, Jesus é frequentemente descrito como tendo uma relação íntima e única com Deus, chamando-o de "Pai" e falando de uma unidade especial entre eles. Barnabé, por outro lado, apresenta uma figura de Jesus que se refere a Deus de maneira reverente, mas sem uma proximidade familiar ou uma identificação com a divindade. Barnabé parece insistir em um distanciamento respeitoso, onde Jesus é visto como servo e mensageiro, sem qualquer indicação de que compartilhe da natureza de Deus ou que exista uma união intrínseca entre eles. Essa abordagem reflete o esforço de Barnabé em preservar a unicidade de Deus e em afastar qualquer noção de filiação divina que possa desafiar o monoteísmo.

Essas contradições se expandem para os ensinamentos de Jesus sobre o caminho para a salvação. Enquanto os evangelhos canônicos frequentemente enfatizam a fé em Jesus e em sua ressurreição como meios para a salvação, o Evangelho de Barnabé retrata a salvação como o resultado de uma vida dedicada à prática dos mandamentos e à observância da lei. Barnabé, portanto, rejeita a ideia de uma salvação garantida pela crença em um ato redentor e apresenta uma visão onde cada indivíduo é responsável por seu próprio caminho espiritual. Para ele, a salvação não depende de uma mediação divina, mas de uma prática religiosa ativa e ética, em que a obediência e o arrependimento são fundamentais.

Barnabé também se afasta dos evangelhos canônicos ao reinterpretar eventos miraculosos que rodeiam a figura de Jesus, incluindo sua ascensão ao céu. Enquanto o Evangelho de Lucas e o livro de Atos descrevem a ascensão de Jesus como um evento que ocorre após a ressurreição, consolidando sua divindade, Barnabé descreve uma ascensão que ocorre diretamente após a substituição milagrosa de Jesus por Judas. Para Barnabé, a ascensão é um ato de proteção divina, sem qualquer conotação de triunfo sobre a morte ou de elevação a uma condição superior. Esse relato enfatiza o aspecto humano e profético de Jesus, sugerindo que sua missão é finalizada por meio de sua obediência, sem qualquer necessidade de ressurreição para validar sua mensagem.

As contradições entre o Evangelho de Barnabé e os evangelhos canônicos também tocam o conceito de pecado e de expiação. Na tradição cristã, o pecado original e a necessidade de um redentor formam a base para a doutrina da salvação pela graça. Barnabé, no entanto, não menciona o pecado original nem a necessidade de expiação coletiva. Em vez disso, ele promove a ideia de que cada pessoa é responsável pelos próprios atos e que o perdão de Deus é acessível àqueles que sinceramente se arrependem e seguem a lei. Esse conceito reflete uma visão mais próxima da justiça individual e afasta-se da ideia de um sacrifício redentor universal, aproximando-se de uma espiritualidade onde a retidão pessoal é o critério central para o perdão divino.

A forma como Barnabé descreve a traição de Judas também se opõe à versão dos evangelhos canônicos. Enquanto Mateus e João descrevem Judas como um discípulo que traiu Jesus por ganância ou por influência de forças malignas, Barnabé narra um Judas que, ao ser confundido com Jesus, acaba sofrendo as consequências do seu próprio erro, transformando-se em uma figura de expiação involuntária. Essa versão introduz uma perspectiva em que o destino de Judas é visto como um ato de justiça, onde ele paga o preço de sua traição sem que Jesus precise sacrificar sua vida. Essa abordagem destaca o conceito de responsabilidade individual e elimina a ideia de uma redenção que dependa do sofrimento de um justo.

Essas contradições cumulativas não apenas apresentam uma visão alternativa da vida e do ministério de Jesus, mas também servem como críticas implícitas ao desenvolvimento do cristianismo ortodoxo. O Evangelho de Barnabé parece questionar a interpretação cristã estabelecida e oferece uma perspectiva onde a figura de Jesus é mantida próxima das raízes judaicas, onde a lei e a obediência direta a Deus são os pilares da fé. Ao rejeitar os conceitos de redenção sacrificial e de divindade de Jesus, Barnabé propõe um cristianismo que resgata o monoteísmo rigoroso e se baseia em uma ética de responsabilidade pessoal.

Em última análise, o Evangelho de Barnabé usa essas contradições para promover uma narrativa que subverte os aspectos centrais da teologia cristã e que reforça um caminho espiritual centrado na obediência, no arrependimento e na responsabilidade pessoal. As discrepâncias entre Barnabé e os evangelhos canônicos não são meros detalhes, mas escolhas teológicas que redefinem a mensagem de Jesus e a relação do homem com Deus. Esse confronto entre as visões dos textos sugere que o Evangelho de Barnabé procura preservar uma interpretação mais humana e profética de Jesus, onde a salvação é fruto de um compromisso ético e da adesão à vontade divina, oferecendo uma perspectiva alternativa que questiona e redefine os alicerces do cristianismo ortodoxo.

Capítulo 28
Repercussão Histórica

Ao longo da história, o Evangelho de Barnabé tem gerado controvérsia e fascínio, especialmente devido à sua visão alternativa sobre Jesus, que diverge substancialmente da teologia cristã tradicional. A recepção desse evangelho foi marcada por períodos de esquecimento, redescoberta e intenso debate. O texto, frequentemente classificado como apócrifo, suscitou discussões entre teólogos, historiadores e estudiosos das religiões que buscaram entender seu papel e o impacto de suas ideias ao longo dos séculos. A trajetória desse evangelho revela, por um lado, o esforço de certos grupos para manter viva uma perspectiva singular sobre Jesus e, por outro, a resistência da ortodoxia cristã em aceitá-lo como parte da narrativa religiosa dominante.

Os primeiros registros históricos que mencionam o Evangelho de Barnabé são escassos, e há pouco consenso sobre sua origem. Alguns estudiosos argumentam que o evangelho pode ter sido escrito durante a Idade Média, possivelmente entre os séculos XIV e XVI, enquanto outros acreditam que ele tenha raízes mais antigas, talvez derivadas de tradições judaico-cristãs dos primeiros séculos. A ausência de referências explícitas a esse evangelho por parte dos Padres da Igreja, bem como a falta de manuscritos mais antigos, dificultam a determinação de sua autenticidade e colocam seu contexto histórico em um terreno incerto. No entanto, o conteúdo do texto sugere que ele foi moldado em um ambiente onde o diálogo e o confronto entre o cristianismo e o islamismo estavam em alta, possivelmente durante o período de contato intenso entre as culturas europeia e islâmica.

A redescoberta do Evangelho de Barnabé, especialmente a partir do século XVI, provocou reações mistas. Em meio ao Renascimento e às Reformas Protestantes, que incentivaram uma revisão crítica dos textos sagrados e das tradições eclesiásticas, o evangelho encontrou tanto interessados quanto críticos severos. Em 1588, uma cópia em italiano foi descoberta, e posteriormente outra versão em espanhol emergiu, despertando curiosidade e polêmica. Alguns estudiosos cristãos consideraram o texto uma ameaça ao cristianismo ortodoxo, principalmente devido à negação da divindade de Jesus e à sugestão de que ele era apenas um profeta humano. Essas características fizeram com que a Igreja o rejeitasse amplamente, classificando-o como herético e apócrifo, enquanto círculos religiosos alternativos o viam como um possível elo perdido entre o cristianismo e o islamismo.

A rejeição da Igreja Católica ao Evangelho de Barnabé não foi surpreendente, dado que suas narrativas e doutrinas diferem drasticamente dos fundamentos da fé cristã estabelecida. O texto questiona a crucificação, sugere que Judas foi crucificado em lugar de Jesus e nega a ressurreição como elemento central da salvação. Esses pontos eram – e ainda são – incompatíveis com a doutrina cristã tradicional, que considera a crucificação e a ressurreição de Jesus como os pilares da fé. Dessa forma, o Evangelho de Barnabé foi relegado ao status de apócrifo, e suas cópias foram preservadas apenas em círculos restritos, muitas vezes fora do alcance das autoridades eclesiásticas que buscavam manter a unidade doutrinária.

Entretanto, enquanto a maioria das tradições cristãs rejeitou o Evangelho de Barnabé, o texto ganhou notoriedade e uma recepção mais positiva em contextos islâmicos. Para muitos muçulmanos, o evangelho é visto como um testemunho de uma versão de Jesus que se alinha ao Alcorão, onde ele é descrito como um profeta de Deus, sem traços de divindade e sem a responsabilidade de salvar a humanidade através do sacrifício. No Islã, Jesus é um dos maiores profetas, mas não é o Filho de Deus, e a ideia de sua crucificação é rejeitada. Portanto, o Evangelho de Barnabé é encarado por alguns estudiosos islâmicos como um documento que valida a narrativa do Alcorão e oferece uma ponte de entendimento entre o cristianismo e o Islã.

Ao longo dos séculos, esse evangelho foi ocasionalmente mencionado em disputas teológicas entre muçulmanos e cristãos, servindo como um argumento para apoiar a visão islâmica de Jesus. Alguns pensadores islâmicos utilizaram o Evangelho de Barnabé para questionar a autenticidade dos evangelhos canônicos e propor que, no passado, existiam versões de Jesus que concordavam mais com a doutrina islâmica. No entanto, o uso do Evangelho de Barnabé nesse contexto também foi cercado de cautela, pois o próprio status do texto é considerado apócrifo e, portanto, não plenamente aceito por toda a comunidade muçulmana. Mesmo assim, o evangelho se tornou um símbolo de uma possível reconciliação entre as narrativas cristã e islâmica, um ponto de convergência onde a figura de Jesus é respeitada e reverenciada em ambas as tradições.

Durante os séculos XVIII e XIX, o interesse pelo Evangelho de Barnabé foi renovado, especialmente com o surgimento do movimento crítico histórico que incentivava uma análise mais rigorosa e independente dos textos religiosos. Esse movimento, que questionava a autenticidade de certos textos bíblicos e procurava explorar fontes alternativas, abriu espaço para uma reavaliação do evangelho. Historiadores, arqueólogos e teólogos começaram a examinar mais atentamente o Evangelho de Barnabé, não apenas pelo seu conteúdo teológico, mas também como um documento que refletia o intercâmbio cultural e religioso entre o mundo cristão e o mundo islâmico.

No século XX, o Evangelho de Barnabé passou a ser estudado com um enfoque acadêmico mais detalhado. Pesquisadores começaram a ver o texto não apenas como uma ameaça à ortodoxia, mas como uma peça histórica que poderia oferecer insights sobre o desenvolvimento das crenças cristãs e islâmicas e sobre as divergências e semelhanças entre as duas religiões. Embora a autenticidade do evangelho seja frequentemente questionada, o texto continua a atrair estudiosos interessados em compreender as tensões e o diálogo entre cristãos e muçulmanos, além de explorar a diversidade de interpretações sobre Jesus nos primeiros séculos do cristianismo.

Nos dias atuais, o Evangelho de Barnabé mantém sua relevância como um texto que desafia as narrativas predominantes e propõe uma alternativa que ressoa com interpretações religiosas diferentes. Para alguns estudiosos, o evangelho representa um exemplo de literatura religiosa que busca preservar uma visão de Jesus não aceita pela ortodoxia. Essa visão levanta questões sobre o que significa ser um seguidor de Jesus e sobre como diferentes comunidades construíram suas próprias compreensões a partir de uma figura central e reverenciada, mas altamente interpretada e reinterpretada.

Para o cristianismo ortodoxo, o Evangelho de Barnabé permanece um documento marginal, um texto que, apesar de sua popularidade em contextos específicos, é considerado herético e apócrifo. Para o Islã, embora não seja um texto sagrado, o evangelho representa uma perspectiva valiosa que se aproxima da visão islâmica de Jesus e que, para alguns, valida elementos essenciais do Alcorão. Para acadêmicos e historiadores, o Evangelho de Barnabé oferece uma janela para a complexidade das primeiras interpretações cristãs e uma prova de como as disputas teológicas moldaram a recepção e a exclusão de certos textos.

O impacto histórico do Evangelho de Barnabé, portanto, vai além de seu conteúdo teológico. Ele simboliza a riqueza e a diversidade das tradições cristãs primitivas e levanta questões sobre a formação do cânone bíblico e as motivações por trás da exclusão de certos textos. A longa trajetória de aceitação e rejeição do Evangelho de Barnabé revela as tensões que cercaram o desenvolvimento do cristianismo ortodoxo e as influências culturais e religiosas que moldaram os debates sobre a figura de Jesus. Hoje, ele permanece uma peça enigmática da história religiosa, uma voz que, embora marginalizada, continua a desafiar e a enriquecer o entendimento das narrativas sobre Jesus e seu significado para diferentes tradições de fé.

Capítulo 29
Judas e o Sacrifício

No Evangelho de Barnabé, o papel de Judas é reinterpretado de maneira a transformar radicalmente a narrativa tradicional da crucificação de Jesus. Diferente da visão dos evangelhos canônicos, onde Judas é o traidor que entrega Jesus aos romanos, em Barnabé, Judas ocupa um lugar central no evento da crucificação, sendo confundido com Jesus e assumindo o papel de substituto involuntário na cruz. Essa perspectiva controversa não apenas altera a identidade do crucificado, mas também subverte o significado do sacrifício, apresentando uma visão onde o conceito de redenção não está associado ao sofrimento de Jesus, mas ao destino individual de cada pessoa.

Segundo o Evangelho de Barnabé, após a traição de Judas, ocorre uma troca milagrosa que confunde os perseguidores de Jesus. Deus, em sua infinita sabedoria e misericórdia, salva Jesus da captura e transforma Judas para que ele pareça ser Jesus, levando assim Judas a ser o condenado. Esse evento, essencial para a narrativa de Barnabé, sugere que o sofrimento e a morte de Jesus não eram parte do plano divino e que Deus interveio para proteger seu profeta. A crucificação de Judas em lugar de Jesus desafia a teologia cristã tradicional, em que o sacrifício de Jesus é visto como a expiação dos pecados da humanidade e a expressão máxima de sua missão salvadora.

A troca entre Jesus e Judas subverte a noção de sacrifício redentor e sugere que Deus não exigiria a morte de um justo para salvar a humanidade. Barnabé apresenta um Deus de misericórdia que não vê o sofrimento de um inocente como requisito para o perdão divino. Essa interpretação coloca a salvação e a reconciliação com Deus ao alcance de todos, não por meio do sacrifício de uma vida, mas através do arrependimento sincero e da adesão à lei. A narrativa implica que o verdadeiro sacrifício, para Barnabé, não reside na morte de Jesus, mas no esforço diário para viver uma vida justa e obediente à vontade de Deus.

Essa inversão dos papéis de Judas e Jesus na crucificação também altera a percepção de Judas, que é comumente retratado nos evangelhos canônicos como o vilão, o traidor que vendeu seu mestre. No Evangelho de Barnabé, a traição de Judas não é negada, mas seu destino final é alterado, transformando-o de traidor em mártir involuntário. A crucificação de Judas serve como uma espécie de justiça poética, um destino onde ele paga pelo erro que cometeu, mas sem absolver suas ações. A narrativa sugere que a justiça divina opera para corrigir e equilibrar as ações humanas, e que Judas, ao trair Jesus, acabou sendo vítima das próprias circunstâncias que criou.

Para Barnabé, a crucificação de Judas destaca a importância da responsabilidade pessoal e da justiça divina. Ao contrário da tradição que apresenta a crucificação como um sacrifício redentor, a narrativa de Barnabé sugere que cada indivíduo responde por seus próprios atos e que Deus não exige um sacrifício vicário para oferecer o perdão. Essa abordagem enfatiza uma teologia onde o arrependimento e a retidão são os verdadeiros caminhos para o perdão e onde o sofrimento de um inocente não é necessário para que a humanidade alcance a redenção. A figura de Judas, ao assumir involuntariamente o papel de Jesus, ilustra a ideia de que Deus julga cada um por seus próprios atos e não coloca a responsabilidade da salvação de muitos sobre os ombros de um só.

A ausência de um sacrifício redentor em Barnabé também redefine o conceito de amor e misericórdia de Deus. O evangelho sugere que Deus não precisa exigir a morte de um justo para perdoar, apresentando uma imagem divina que prefere a proteção e a preservação de seus profetas. Jesus é preservado porque sua missão é guiar e ensinar, não sofrer ou morrer em nome de outros.

Essa visão implica que a relação com Deus é baseada na prática da lei e na fé ativa, e que o amor divino se expressa pela orientação e pelo exemplo, em vez de um ato de sofrimento sacrificial.

A ideia de que Judas foi crucificado em lugar de Jesus também se aproxima de certas tradições do islamismo, onde Jesus não é crucificado, mas elevado ao céu, e onde a figura de Judas é, em algumas interpretações, vista como o traidor que sofreu as consequências de seu ato. O Alcorão afirma que Jesus não foi morto nem crucificado, mas que isso "pareceu assim" para aqueles que presenciaram o evento (Surata 4:157). Essa similaridade entre Barnabé e a narrativa islâmica reforça a conexão do evangelho com um ambiente onde influências cristãs e islâmicas poderiam coexistir, sugerindo que o Evangelho de Barnabé poderia estar refletindo um contexto onde as tradições das duas religiões se entrelaçam e reinterpretam.

Essa narrativa alternativa sobre o sacrifício e o papel de Judas apresenta um entendimento de salvação baseado na justiça e na responsabilidade individual. Para Barnabé, não há necessidade de um mediador que sofra em lugar dos outros, pois cada pessoa é chamada a seguir o caminho da lei e a buscar uma vida de obediência. O sofrimento de um justo para salvar outros é, assim, substituído por um conceito onde a misericórdia divina está acessível a todos que se arrependem e que vivem de acordo com os mandamentos. Barnabé sugere que o perdão e a reconciliação com Deus não dependem do sacrifício de uma vida, mas da disposição de cada um para viver com retidão.

A interpretação de Barnabé do sacrifício e do destino de Judas também oferece uma reflexão sobre o papel do sofrimento na fé. Ao apresentar um Deus que poupa Jesus da crucificação, Barnabé propõe uma visão onde o sofrimento não é exaltado ou visto como necessário para alcançar o divino. Em vez disso, Deus, em sua compaixão, evita o sofrimento do justo e proporciona justiça ao traidor, transformando a crucificação em uma lição sobre consequências e responsabilidade. Essa perspectiva sugere que a virtude e a retidão são recompensadas, enquanto as transgressões são corrigidas, sem que o sofrimento de um inocente seja necessário para a realização do plano divino.

Por fim, ao retirar a crucificação de Jesus e transferi-la para Judas, o Evangelho de Barnabé redefine o conceito de sacrifício como algo que não exige violência ou morte, mas que se manifesta na dedicação contínua ao caminho da fé e da prática da lei. Judas, o traidor, se torna uma advertência contra a transgressão, e Jesus, preservado, se torna o modelo de obediência e justiça. Barnabé apresenta uma visão de fé onde a salvação e o sacrifício não estão ligados a uma morte dolorosa, mas à luta diária para se manter fiel aos mandamentos e à vontade de Deus.

A narrativa de Barnabé transforma o papel de Judas e o significado do sacrifício em um ensinamento sobre a justiça divina e a responsabilidade pessoal, desafiando a ideia de que a redenção requer a morte de um inocente. Ao contar essa história, Barnabé redefine a missão de Jesus e a forma como a humanidade deve entender sua relação com o divino, propondo que o verdadeiro sacrifício está na escolha diária pela retidão e na busca constante por uma vida dedicada a Deus.

Capítulo 30
Visão de Final dos Tempos

No Evangelho de Barnabé, a concepção do fim dos tempos e da segunda vinda de Jesus é descrita de maneira singular, com uma ênfase diferente daquela encontrada nos evangelhos canônicos e na tradição cristã ortodoxa. Barnabé traça um cenário apocalíptico onde a chegada do fim é marcada não pelo retorno glorioso de Jesus para julgar a humanidade, mas por uma reafirmação do papel de Jesus como profeta, alinhado à promessa de um futuro redentor conduzido por outro grande mensageiro. Esse entendimento do fim dos tempos ressoa com a expectativa messiânica da época e sugere uma visão alternativa sobre o papel final de Jesus e os eventos escatológicos.

Para Barnabé, o final dos tempos não envolve uma elevação de Jesus ao status divino, mas uma restauração da verdade religiosa e do monoteísmo absoluto. Ele enfatiza que Jesus retornará, não para assumir um papel de juiz divino, mas para testemunhar o poder de Deus e para confirmar sua própria condição de profeta. Essa perspectiva se opõe à crença cristã de que Jesus retornará para julgar vivos e mortos, função associada à sua natureza divina. Barnabé, no entanto, rejeita essa visão e propõe que Jesus voltará como uma figura que reforça o monoteísmo e guia as pessoas de volta a Deus, servindo como uma ponte entre o presente e a revelação final.

O texto sugere que a chegada do fim dos tempos será marcada por um mensageiro que virá para completar e esclarecer a mensagem divina, uma figura profética que muitos identificam com o papel reservado a Maomé no Islã. Para Barnabé, esse futuro profeta é o último e mais importante mensageiro, aquele que trará uma revelação completa e definitiva à humanidade. Jesus, então, não aparece como a figura redentora final, mas como um precursor desse grande profeta, o que o coloca em um papel subordinado no plano escatológico. Essa estrutura apocalíptica reflete a visão de Barnabé de que o ciclo profético continua e que a história sagrada ainda não chegou ao seu clímax, colocando o foco em um futuro ainda por vir.

Além de descrever um futuro profeta, Barnabé também retrata um período de tribulação e crise espiritual, um tempo onde a humanidade será testada em sua fé e compromisso com os mandamentos de Deus. Esse período de provações é visto como um prelúdio para a revelação final e uma oportunidade para que as pessoas se voltem para a verdadeira adoração. Barnabé usa essa visão de tribulação para enfatizar a importância de uma vida vivida em conformidade com a lei e os mandamentos, sugerindo que o julgamento de Deus se baseará na prática da retidão e na observância da fé. Para ele, o apocalipse não é um evento repentino e definitivo, mas o resultado natural de uma série de escolhas e da fidelidade à palavra divina.

Em consonância com essa visão, Barnabé alerta contra o surgimento de falsos profetas e daqueles que distorcem a fé, algo que ele vê como um sinal do final dos tempos. Para Barnabé, a verdadeira ameaça ao cumprimento do plano divino vem daqueles que desviam as pessoas da adoração pura e do monoteísmo rigoroso, promovendo doutrinas que colocam intermediários ou divindades adicionais ao lado de Deus. Essa ênfase no monoteísmo estrito se reflete em seu discurso apocalíptico, onde a decadência espiritual é vista como um distanciamento das leis de Moisés e um abandono do verdadeiro entendimento de Deus. Barnabé, então, coloca a preservação da pureza da fé como o antídoto para os perigos dos falsos profetas e das crenças desviadas.

A narrativa do final dos tempos no Evangelho de Barnabé não enfatiza o terror e o sofrimento, mas sim a esperança e a possibilidade de renovação espiritual. Ele sugere que, apesar das dificuldades que a humanidade enfrentará, haverá uma oportunidade para que todos retornem ao caminho da verdade. Jesus, como profeta, desempenha um papel nesse processo, lembrando as pessoas de sua responsabilidade de viver em obediência aos mandamentos. A ênfase de Barnabé na observância dos preceitos divinos, mesmo diante das tribulações, reflete sua crença de que a retidão pessoal e a fidelidade são o caminho para se preparar para o final dos tempos.

Outro aspecto importante é a rejeição de Barnabé à ideia de que a salvação é um evento instantâneo ou garantido. Em sua visão, a preparação para o fim dos tempos envolve uma prática contínua da justiça e um compromisso profundo com a fé. Ele apresenta o apocalipse não como um fim para os justos, mas como uma transição, uma oportunidade para que os fiéis vivam em harmonia com Deus. Essa preparação é vista como um esforço contínuo e pessoal, e Barnabé sugere que, ao aderir à lei e buscar uma vida virtuosa, cada pessoa pode estar pronta para enfrentar o julgamento de Deus, independentemente de eventos extraordinários ou milagrosos.

Barnabé usa essa visão do final dos tempos para reforçar sua crítica ao cristianismo ortodoxo, que ele vê como uma fé que se desviou do monoteísmo original e da observância da lei. Ele sugere que, nos tempos finais, Jesus e o último profeta guiarão a humanidade de volta ao caminho da verdade, restabelecendo a adoração de Deus em sua forma pura e incorruptível. Essa crítica é central para a visão apocalíptica de Barnabé, onde a renovação da fé e a restauração da obediência à lei representam uma reconciliação final entre Deus e a humanidade, sem a necessidade de intermediários divinos ou sacrifícios expiatórios.

A ideia de que o final dos tempos será marcado por um retorno à pureza original da fé é também um reflexo do diálogo cultural entre o cristianismo e o islamismo. No Islã, a ideia de um fim dos tempos inclui a vinda de Jesus para reafirmar a mensagem de Deus e apoiar o último profeta, Maomé. O Evangelho de Barnabé ecoa essa estrutura, ao mesmo tempo que adapta o papel de Jesus para se adequar a uma visão onde ele é completamente humano e profético. Esse conceito de fim dos tempos representa, portanto, um apelo à unidade espiritual e ao compromisso com a fé original, algo que transcende as divisões religiosas e convida a humanidade a voltar-se diretamente para Deus.

Além disso, a narrativa de Barnabé enfatiza o papel da justiça divina e do julgamento pessoal. Ele sugere que, no final dos tempos, cada pessoa será julgada de acordo com suas ações e seu compromisso com a lei. Não haverá um salvador que interceda em nome dos pecadores; cada um responderá individualmente pelos próprios atos. Essa visão de julgamento reflete a crença de Barnabé na responsabilidade pessoal e no cumprimento dos mandamentos como base para a salvação. A ausência de um sacrifício redentor e a ênfase na prática da justiça reiteram a ideia de que a salvação é algo a ser conquistado e não concedido automaticamente.

Barnabé também vislumbra uma era de paz e harmonia após o julgamento, onde aqueles que foram fiéis a Deus viverão em comunhão com o Criador, desfrutando de uma eternidade de bem-aventurança. Essa promessa de um futuro onde a justiça e a retidão reinam reflete uma esperança no poder transformador da fé e da obediência. Para Barnabé, o fim dos tempos não é apenas o fim de uma era de corrupção e decadência, mas o início de uma era onde a fidelidade a Deus será plenamente recompensada e onde a humanidade poderá viver em paz, livre das falácias e dos desvios espirituais.

Em última análise, o Evangelho de Barnabé propõe uma visão de final dos tempos que resgata o monoteísmo e a pureza da fé, convidando os fiéis a uma vida de retidão e obediência. A narrativa apocalíptica de Barnabé é tanto um chamado para o arrependimento quanto uma promessa de renovação, oferecendo aos seguidores um caminho de esperança e de justiça. Em sua visão, o fim dos tempos é uma oportunidade para que cada pessoa retorne ao compromisso com Deus e viva de acordo com a vontade divina, preparando-se para o julgamento final e para a recompensa eterna.

Capítulo 31
Doutrinas sobre a Vida Eterna

No Evangelho de Barnabé, o conceito de vida eterna e o destino das almas assumem uma forma notavelmente diferente da perspectiva apresentada nos evangelhos canônicos. Barnabé descreve uma visão da eternidade onde o destino individual é determinado menos pela crença em um sacrifício redentor e mais pela prática da retidão, obediência à lei e pelo arrependimento sincero. A doutrina da vida eterna em Barnabé se alinha ao entendimento de que a salvação é conquistada pelo esforço pessoal e não por uma intercessão divina, uma visão que confere à conduta humana uma importância central na jornada espiritual e no julgamento final.

Barnabé enfatiza que a vida eterna é uma promessa divina reservada aos fiéis que vivem de acordo com os mandamentos, rejeitando a ideia de que apenas a fé em Jesus garantiria automaticamente a salvação. Segundo Barnabé, a entrada no reino de Deus é alcançada pela pureza de coração e pelo cumprimento diligente das leis mosaicas, o que coloca o fiel em harmonia com a vontade divina. Esse entendimento enfatiza uma continuidade com a tradição judaica, onde o comportamento ético e a justiça são considerados essenciais para a comunhão com Deus. Ao reafirmar esses princípios, Barnabé rejeita a noção cristã de uma redenção alcançada exclusivamente pela fé na crucificação, propondo em seu lugar um modelo de salvação onde cada indivíduo é responsável pela própria retidão.

A ideia de vida eterna em Barnabé também se destaca por sua rejeição da necessidade de mediação. Para ele, não há espaço para intermediários entre Deus e o fiel. Cada pessoa, vivendo conforme os mandamentos, é capaz de se aproximar de Deus e de aspirar à recompensa eterna sem depender de um redentor sacrificial. Barnabé vê a relação entre o homem e o divino como direta e individual, sugerindo que a vida eterna é o resultado de um relacionamento pessoal com Deus, em que a responsabilidade moral é central. Ele sugere que o papel de Jesus é guiar e iluminar o caminho para a prática reta, mas nunca servir como um mediador divino que substitua a responsabilidade pessoal.

Barnabé também elabora uma visão da vida após a morte que envolve uma retribuição proporcional às ações individuais. Aqueles que seguem os preceitos divinos podem esperar uma recompensa eterna, enquanto os que se desviam dos mandamentos enfrentam consequências espirituais. Essa perspectiva de justiça divina não inclui a ideia de uma expiação coletiva, mas insiste em um julgamento que considera cada pessoa em função de seus próprios atos e escolhas. A ênfase na responsabilidade pessoal ecoa uma ética onde o arrependimento é sempre possível, mas onde o perdão exige uma conversão genuína e um compromisso contínuo com a lei divina.

Outro ponto essencial na doutrina da vida eterna em Barnabé é o arrependimento, que ele apresenta como o caminho para a purificação e para a reintegração com Deus. Barnabé descreve o arrependimento como um retorno sincero ao caminho da lei, um ato que redime e renova o fiel, permitindo-lhe aspirar à vida eterna. Ele sugere que a misericórdia divina está disponível para todos os que buscam corrigir seus erros e que o perdão de Deus é um reflexo da sua justiça. Contudo, Barnabé vê esse processo como algo que depende inteiramente da transformação do indivíduo, não sendo suficiente uma crença ou uma profissão de fé; é necessário um compromisso ativo com a retidão.

A visão de Barnabé sobre o destino das almas após a morte inclui uma esperança de recompensa para aqueles que vivem segundo os ensinamentos dos profetas. Ele descreve a vida eterna como um estado de proximidade com Deus, onde os justos gozam de uma comunhão plena com o Criador. Essa recompensa é vista como uma continuidade do esforço terreno, um reflexo da vida de obediência que o fiel escolhe cultivar em vida. A vida eterna, portanto, não é um privilégio concedido arbitrariamente, mas uma extensão da justiça divina, um estado que reflete a dedicação e o respeito à vontade de Deus.

A doutrina da vida eterna em Barnabé também inclui uma crítica implícita ao conceito de graça, tal como é compreendido na teologia cristã. Para Barnabé, a salvação não é um dom imerecido, mas o resultado de um compromisso ativo com a fé e a justiça. Ele questiona a ideia de que o sacrifício de Jesus possa, por si só, garantir o acesso à vida eterna, e argumenta que a verdadeira comunhão com Deus só é alcançada através da fidelidade à lei e da prática da moralidade. Esse entendimento coloca o foco no livre-arbítrio e na capacidade humana de escolher o bem, oferecendo uma visão onde o caminho para a vida eterna é construído pelos próprios atos do fiel.

Além disso, Barnabé coloca ênfase na importância de uma fé que se manifeste em ações, refletindo a crença de que a vida eterna é prometida àqueles que vivem de acordo com o que é justo. A fé, segundo Barnabé, é mais que uma convicção intelectual; ela é um modo de vida, uma expressão que se realiza através das escolhas éticas e da observância rigorosa dos preceitos divinos. Para ele, é o conjunto dessas práticas que aproxima o fiel de Deus e que prepara sua alma para o julgamento final. Em sua visão, a vida eterna é, em última análise, uma extensão da justiça que cada indivíduo constrói, um reflexo do compromisso com a verdade e a retidão.

Barnabé também sugere que a vida eterna é uma realidade acessível a todos os que sinceramente buscam a Deus e vivem conforme sua vontade. Ele rejeita a ideia de uma exclusividade religiosa, oferecendo uma doutrina que é inclusiva e que permite que qualquer pessoa, desde que viva com justiça e retidão, possa participar da recompensa divina. Essa abordagem se alinha com sua visão de Jesus como um profeta que reafirma os princípios da fé monoteísta e sugere que o caminho para a vida eterna está aberto a todos que seguem os ensinamentos divinos, independentemente de suas origens ou afiliações.

Para Barnabé, a vida eterna é também uma promessa de paz e justiça, um estado onde aqueles que sofrem por causa da injustiça ou da opressão encontram consolo e redenção. Essa visão do pós-vida é fortemente conectada à ideia de uma ordem divina justa, onde cada ação é recompensada ou julgada conforme os padrões da retidão. Ele descreve a vida eterna não como uma abstração distante, mas como um destino concreto e profundamente significativo para os que se dedicam a viver em harmonia com Deus.

Em suma, a doutrina da vida eterna no Evangelho de Barnabé não é apenas uma promessa de recompensa, mas um convite a uma vida de compromisso ético e fé ativa. Ele convida os fiéis a cultivarem uma relação direta com Deus e a se prepararem para o julgamento final com uma vida de justiça e obediência. A visão de Barnabé sobre a vida eterna reafirma sua crença na responsabilidade individual e na justiça divina, oferecendo uma perspectiva onde a eternidade é alcançada pela retidão e pela prática da lei, um reflexo da busca constante pela verdade e pela harmonia com a vontade de Deus.

Capítulo 32
Cristo e a Profecia

No Evangelho de Barnabé, a figura de Jesus é apresentada com um papel profético que prenuncia a vinda de um novo mensageiro, um último profeta que trará a revelação completa da vontade de Deus. Essa visão de Jesus como um precursor de outro grande enviado divino se afasta das doutrinas canônicas e traz à tona um conceito onde o papel de Jesus é o de um guia que prepara o caminho para a verdade definitiva, sem reivindicar para si a posição de redentor final. Essa interpretação sugere que a missão de Jesus está incompleta sem o advento do último profeta, oferecendo uma perspectiva profética que subverte a tradição cristã que afirma Jesus como o cumprimento da profecia messiânica.

Barnabé explora o conceito de profecia de modo a alinhar Jesus com uma longa linha de mensageiros divinos, incluindo Moisés, Elias e outros profetas do Antigo Testamento. Ele descreve Jesus como alguém que, embora dotado de grande sabedoria e poder espiritual, continua parte dessa sucessão de profetas cujo papel é reafirmar o monoteísmo e conduzir o povo para a lei de Deus. No entanto, Jesus não é, segundo Barnabé, o último elo dessa cadeia, mas sim uma figura intermediária que prepara o terreno para a chegada de um profeta maior, destinado a trazer a revelação final e completa. Essa visão reflete uma expectativa escatológica que não é atendida no próprio ministério de Jesus, mas que se projeta em um futuro onde Deus revelará plenamente Sua vontade através de outro enviado.

Ao apresentar Jesus como um profeta que anuncia a vinda de outro mensageiro, Barnabé parece incorporar ideias que são consistentes com a teologia islâmica, na qual Jesus (Isa) é considerado um profeta que antecipa o advento de Maomé, o último profeta. No Alcorão, há passagens que indicam que Jesus anunciou um mensageiro que viria após ele, identificado como Ahmad (um dos nomes de Maomé). Essa similaridade entre Barnabé e o Alcorão sugere que o Evangelho de Barnabé pode ter sido influenciado por contextos islâmicos, onde a figura de Jesus é honrada, mas colocada como parte de um plano divino mais amplo que culmina com a mensagem final do Islã.

A expectativa de um novo profeta também implica que a revelação trazida por Jesus é temporária e incompleta, uma preparação para o que virá depois. Barnabé enfatiza que Jesus compreende sua missão como um caminho de retorno à adoração pura de Deus, e que ele aponta para a necessidade de um esclarecimento maior que será trazido por aquele que virá após ele. Essa perspectiva coloca o papel de Jesus em um contexto onde ele é visto como um sinal da revelação, mas não como o centro dela, uma ideia que desafia a visão cristã que considera Jesus a expressão definitiva da verdade divina.

Outro aspecto interessante na descrição de Barnabé sobre a profecia é a forma como ele conecta Jesus à tradição profética judaica, situando-o como alguém que vem restaurar a lei e reafirmar os mandamentos de Moisés, mas sem reivindicar uma nova aliança ou a criação de uma nova religião. Em vez de apresentar Jesus como um inovador espiritual, Barnabé o caracteriza como um restaurador da fé monoteísta, comprometido com a preservação da lei e da ordem religiosa judaica. Essa interpretação se alinha com a crença de que o verdadeiro papel de Jesus não era o de substituir as escrituras, mas de reafirmá-las, promovendo uma fé que permaneça fiel à tradição dos patriarcas.

Barnabé também se utiliza da ideia de Jesus como precursor de outro profeta para criticar a teologia cristã que associa Jesus a um papel divino. Ao apresentar Jesus como alguém que anuncia um sucessor, Barnabé reforça a humanidade de Jesus e o coloca em uma posição subordinada à missão do profeta final. Para Barnabé, essa estrutura de hierarquia profética destaca a unidade de Deus e rejeita qualquer tentativa de elevar Jesus a uma condição divina, enfatizando que apenas Deus é digno de adoração e de glória. Dessa forma, o Evangelho de Barnabé reafirma uma visão de Deus como a única fonte de autoridade e verdade, enquanto os profetas são apenas mensageiros, por mais elevados e reverenciados que sejam.

A ênfase de Barnabé na vinda de um último profeta também tem implicações sobre o entendimento do fim dos tempos e da escatologia. Ele sugere que o ciclo profético alcançará seu clímax não com Jesus, mas com aquele que virá depois dele, que trará a mensagem definitiva e o juízo final. Esse profeta final representará a realização de todas as promessas divinas e a consolidação da vontade de Deus para a humanidade. Esse aspecto escatológico reforça a expectativa de que a revelação é um processo em curso, que culminará na vinda do último mensageiro, um acontecimento que encerrará a era profética e introduzirá um período de julgamento e de renovação espiritual.

Para Barnabé, o valor de Jesus reside em sua função de guia e de exemplo, e não em um papel divino. Jesus é respeitado e amado por sua dedicação à verdade e por sua completa submissão à vontade de Deus, mas ele é plenamente humano e limitado em sua missão. Ele age com humildade, ciente de que o verdadeiro propósito de sua vinda é preparar os corações e as mentes dos fiéis para o grande profeta que virá, aquele que, segundo Barnabé, completará a obra de Deus. Essa visão não apenas redefine a missão de Jesus, mas também sugere que a busca pela verdade continua até que o mensageiro final se revele e estabeleça a paz e a justiça divinas.

Barnabé também utiliza a figura de Jesus como profeta para promover uma visão ética e moral baseada na responsabilidade pessoal e na observância dos mandamentos. Ele sugere que Jesus é um exemplo a ser seguido, alguém que vive de acordo com a lei e que busca levar os outros a uma prática de fé autêntica. Essa visão moral enfatiza que a verdadeira religiosidade está na ação e na prática dos ensinamentos divinos, e não apenas na crença. Barnabé apresenta uma espiritualidade onde Jesus, em seu papel de profeta, guia os fiéis a uma vida de obediência e justiça, mas deixa claro que a plenitude da revelação virá apenas com o último enviado de Deus.

Em suma, o Evangelho de Barnabé oferece uma visão de Jesus que desafia e expande o conceito de profecia, apresentando-o como uma figura que ilumina o caminho para uma revelação futura. A missão de Jesus, segundo Barnabé, não é a conclusão, mas uma etapa necessária na jornada espiritual da humanidade, preparando-a para a vinda daquele que trará a mensagem final de Deus. Essa interpretação não apenas questiona a visão cristã ortodoxa, mas também sugere uma continuidade entre as tradições judaica, cristã e islâmica, onde a linha profética culmina em um profeta final, que representa a verdade completa e a vontade de Deus em sua forma definitiva.

Capítulo 33
Início da Perseguição Cristã

A perseguição dos primeiros cristãos é um período marcado pela resistência e pela coragem daqueles que se mantiveram fiéis ao movimento iniciado por Jesus. No Evangelho de Barnabé, essa era de dificuldades e provações é vista sob uma ótica diferente daquela dos evangelhos canônicos e dos relatos históricos predominantes. Barnabé descreve um cristianismo primitivo que enfrenta resistência não apenas externa, vinda do Império Romano e das autoridades judaicas, mas também uma luta interna para manter a essência e a pureza da mensagem de Jesus, algo que Barnabé considera essencial para a sobrevivência do movimento.

Segundo Barnabé, o movimento cristão nascente é, desde o início, desafiado por divergências ideológicas e por pressões políticas. Embora as narrativas canônicas abordem principalmente as perseguições romanas e a rejeição por parte das autoridades judaicas, Barnabé enfatiza as divisões internas que começaram a surgir entre os seguidores de Jesus logo após sua partida. Para Barnabé, a ameaça mais profunda ao movimento cristão não vinha das forças externas, mas das interpretações divergentes que emergiram entre os próprios discípulos, ameaçando a unidade da fé. Ele via nesses conflitos um reflexo da luta pela preservação da mensagem de Jesus e a necessidade de manter um monoteísmo estrito, sem desviar-se para concepções que poderiam comprometer a essência de sua doutrina.

Barnabé destaca que o desafio de manter a pureza da fé foi especialmente difícil devido ao ambiente político e religioso da época. Em meio à ocupação romana e à diversidade de seitas e movimentos judaicos que emergiam na Judeia, os seguidores de Jesus eram vistos como dissidentes, um grupo cujas crenças ameaçavam a ordem estabelecida. A resistência das autoridades judaicas, que viam o movimento cristão como uma heresia, e a hostilidade romana, que o considerava uma ameaça à paz imperial, obrigaram os primeiros cristãos a praticarem sua fé em segredo e a encontrarem formas de proteger seus ensinamentos. Barnabé, nesse sentido, descreve o cristianismo inicial como um movimento que valorizava a humildade e o sacrifício, mas que também se preocupava em preservar sua mensagem contra aqueles que, mesmo dentro da comunidade, começavam a adaptar e reinterpretar os ensinamentos de Jesus.

A narrativa de Barnabé sobre esse período de perseguição não deixa de criticar o papel de figuras como Paulo, cuja visão teológica, segundo Barnabé, desviou-se da original. Para Barnabé, Paulo representa uma interpretação da mensagem de Jesus que ele considera incompatível com o monoteísmo rigoroso pregado por Jesus e pelos profetas que o precederam. A insistência de Paulo em destacar a divindade de Jesus e a ideia de uma redenção através do sacrifício representam, para Barnabé, um afastamento perigoso dos fundamentos da fé. Ele vê a influência de Paulo como uma das razões para o surgimento das primeiras divisões internas no cristianismo, e a eventual separação do movimento das raízes judaicas.

No Evangelho de Barnabé, o relato das perseguições inclui, portanto, uma perspectiva única que vê o sofrimento dos primeiros cristãos não apenas como resultado da repressão externa, mas também como consequência das divisões internas sobre o significado da mensagem de Jesus. Barnabé descreve as tentativas dos discípulos de manter viva a essência dos ensinamentos, mesmo enquanto o movimento se expandia e enfrentava as ameaças crescentes. Ele vê na perseguição uma oportunidade para os cristãos reafirmarem a fé verdadeira e lembrarem que o sofrimento não é um fim em si, mas um meio de fortalecimento e purificação. A narrativa de Barnabé reflete, assim, uma resistência ativa contra o que ele considera desvios doutrinários, enfatizando o sacrifício e a disciplina como respostas à adversidade.

Barnabé narra que, em meio a essa época de perseguição, os primeiros cristãos precisavam encontrar maneiras de se proteger sem abandonar suas convicções. Ele descreve uma comunidade que se reunia em locais secretos, que se comunicava com sinais e códigos, e que valorizava o apoio mútuo como forma de enfrentar a repressão. A fé compartilhada e a lealdade aos ensinamentos de Jesus uniam esses primeiros cristãos em um pacto de solidariedade, onde cada um assumia a responsabilidade de cuidar do outro e de resistir às pressões para renunciar à sua crença. Barnabé, ao relatar essas estratégias de sobrevivência, enfatiza a importância da perseverança e da coragem, qualidades que ele acredita serem essenciais para manter a fé pura e inalterada.

A perseguição também levou os cristãos a refletirem sobre o custo da sua fé e sobre o verdadeiro significado do sacrifício. Para Barnabé, o sofrimento enfrentado pelos seguidores de Jesus era uma prova de fidelidade e um lembrete de que a fé não poderia ser moldada para se adequar aos desejos ou às pressões externas. Ele via na adversidade uma oportunidade de fortalecer o compromisso com os ensinamentos originais, rejeitando qualquer adaptação que pudesse comprometer a mensagem de Jesus. Barnabé descreve o sofrimento dos primeiros cristãos como um símbolo de sua devoção e como uma afirmação de sua lealdade a Deus, sugerindo que cada ato de resistência era um testemunho do compromisso com o monoteísmo e com a prática da lei.

Além de enfrentar a perseguição externa, Barnabé destaca o papel que os primeiros líderes cristãos desempenharam na preservação dos ensinamentos. Ele vê Pedro, Tiago e outros discípulos como figuras centrais que buscaram manter a unidade e a pureza da fé. Segundo Barnabé, esses líderes trabalharam incansavelmente para proteger a mensagem de Jesus das influências externas e dos ensinamentos que distorciam seu monoteísmo rigoroso. Ele descreve esses apóstolos como guardiões da fé, que mesmo diante de ameaças pessoais e da possibilidade de martírio, mantiveram-se firmes na defesa da mensagem original. Para Barnabé, a perseguição não era apenas um desafio físico, mas um teste espiritual que exigia força de caráter e uma dedicação profunda à verdade.

A perseguição cristã também é, para Barnabé, um lembrete da importância do arrependimento e da humildade. Ele sugere que os primeiros cristãos, ao enfrentar o sofrimento, refletiam constantemente sobre suas vidas e buscavam viver em total obediência à vontade de Deus. A adversidade os levava a uma espiritualidade mais intensa, onde o arrependimento e a prática da retidão tornavam-se centrais. Barnabé destaca que, mesmo enquanto sofriam, esses cristãos não buscavam vingança ou poder, mas sim um relacionamento mais profundo com Deus, aceitando seu destino com resignação e confiança no julgamento divino.

Por fim, Barnabé conclui que a perseguição dos primeiros cristãos foi uma fase crucial para definir o caráter do movimento. Ele via essa fase como uma purificação, um período em que a fé era testada e em que aqueles que realmente compreendiam a mensagem de Jesus perseveravam, enquanto os fracos ou oportunistas se afastavam. Para Barnabé, a perseguição ajudou a moldar uma comunidade de fiéis que, fortalecida pela adversidade, era capaz de resistir não apenas às ameaças físicas, mas também às ideológicas. A perseguição cristã é, em sua visão, tanto um desafio quanto um legado, um período que ensinou aos primeiros seguidores de Jesus o valor da fé intransigente e da fidelidade à verdade.

Barnabé vê na perseguição um símbolo da luta contínua pela preservação da mensagem de Jesus e pela defesa de uma fé que honra o monoteísmo rigoroso e o compromisso com a retidão. A perseguição dos primeiros cristãos, segundo ele, serve como um exemplo para os fiéis de todas as eras, lembrando-os de que a verdadeira fé exige coragem, sacrifício e uma dedicação inabalável à vontade de Deus.

Capítulo 34
O Papel dos Apóstolos

No Evangelho de Barnabé, o papel dos apóstolos é descrito com uma relevância central para a continuidade e a preservação da mensagem de Jesus. Barnabé narra a trajetória desses homens que, escolhidos por Jesus, tornaram-se os guardiões e os disseminadores de seus ensinamentos, empenhando-se para que as palavras e o exemplo de seu mestre não fossem alterados ou deturpados. Ao relatar o papel dos apóstolos, Barnabé oferece uma visão onde esses discípulos são figuras de profundo compromisso e sacrifício, responsáveis não apenas por difundir a mensagem de Jesus, mas por proteger sua essência e impedir que ela fosse contaminada por influências externas.

Segundo Barnabé, a missão dos apóstolos era uma tarefa sagrada, um juramento de lealdade à verdade. Ele descreve os apóstolos como homens simples, mas dotados de grande convicção, prontos para enfrentar dificuldades e perseguições em nome de sua fé. Eles viviam de forma humilde e disciplinada, dedicando suas vidas a difundir o monoteísmo pregado por Jesus, sem acrescentar ou modificar nada de seu ensinamento. Essa dedicação inabalável reflete a crença de Barnabé de que os apóstolos, assim como os profetas anteriores, foram instrumentos de Deus para orientar o povo e garantir que a fé permanecesse pura e fiel aos princípios divinos.

Barnabé também reconhece a importância da unidade entre os apóstolos, uma unidade que ele considera fundamental para preservar a integridade do movimento cristão inicial. Ele narra os esforços dos apóstolos em manter a coesão entre si, apesar das pressões externas e das diferentes interpretações que começaram a surgir entre os primeiros seguidores de Jesus. Para Barnabé, a unidade entre os apóstolos era uma manifestação de sua fidelidade à mensagem original, e ele enfatiza que, ao manterem-se unidos, eles reforçavam o monoteísmo estrito e a observância da lei que Jesus lhes ensinara. Essa unidade funcionava como uma barreira contra doutrinas que poderiam desviar o movimento de sua origem, protegendo a fé dos cristãos de distorções e interpretações que Barnabé considerava perigosas.

Além de sua dedicação e unidade, Barnabé valoriza o papel dos apóstolos na orientação e educação dos novos fiéis. Ele vê os apóstolos como mestres e modelos de conduta, que viviam de acordo com os ensinamentos de Jesus e que transmitiam aos demais a importância de seguir os mandamentos de Deus. Eles não apenas pregavam, mas personificavam a mensagem de Jesus, vivendo em conformidade com a fé que professavam. Barnabé destaca que a missão dos apóstolos não era simplesmente a de converter, mas a de educar e formar os cristãos em uma vida de retidão, honestidade e compromisso com a verdade divina. Em sua visão, os apóstolos eram os alicerces do movimento cristão, aqueles que ensinavam pelo exemplo e guiavam os fiéis para uma vida de obediência e devoção.

A fidelidade dos apóstolos também é retratada como um contraste com aqueles que, mais tarde, se afastaram da mensagem original de Jesus. Barnabé critica severamente figuras que, segundo ele, promoveram inovações teológicas e distorções da fé, desviando o movimento de sua essência. Para ele, os apóstolos representam a resistência contra esses desvios, mantendo-se firmes em uma doutrina que rejeita qualquer ideia de divindade de Jesus e que se apoia no cumprimento da lei como caminho para a salvação. Ele sugere que foram os apóstolos que protegeram a comunidade cristã inicial dessas influências, reforçando um entendimento de Jesus como profeta e rejeitando conceitos que pudessem comprometer o monoteísmo.

O papel dos apóstolos também é descrito como uma luta constante para manter a fé acessível e compreensível para todos. Barnabé narra que eles evitavam complicações filosóficas ou teorias teológicas abstratas, priorizando uma fé prática e simples, que pudesse ser seguida por qualquer pessoa. Esse enfoque na simplicidade e na clareza reflete a crença de Barnabé de que a verdadeira fé é aquela que leva à obediência e à vida reta, sem necessidade de especulações sobre a natureza divina ou de debates que possam confundir os fiéis. Ele sugere que os apóstolos buscavam preservar essa simplicidade para manter o movimento cristão próximo ao povo e evitar que a mensagem de Jesus se tornasse exclusiva ou elitista.

Barnabé também reconhece o papel dos apóstolos como mediadores das comunidades cristãs, oferecendo orientação em questões morais e práticas. Ele descreve os apóstolos como conselheiros e líderes espirituais que mantinham a harmonia e a ordem dentro das comunidades. Em um período de desafios e perseguições, os apóstolos eram responsáveis por manter o ânimo dos fiéis, orientando-os sobre como viver em obediência a Deus enquanto enfrentavam a oposição externa. Essa liderança prática, segundo Barnabé, é um reflexo da responsabilidade dos apóstolos de cuidar não apenas da doutrina, mas do bem-estar espiritual de cada fiel, ajudando-os a navegar pelas dificuldades da vida enquanto se mantinham leais à sua fé.

Além disso, Barnabé vê o papel dos apóstolos como uma extensão da própria missão de Jesus, como se eles fossem uma continuidade de seu ministério terreno. Ele sugere que a autoridade dos apóstolos não vinha de títulos ou hierarquias, mas de seu compromisso com a verdade e de sua disposição para seguir os passos de Jesus. Esse compromisso implicava um abandono de ambições pessoais e uma dedicação total ao serviço divino. Para Barnabé, a grandeza dos apóstolos está em sua humildade e em seu entendimento de que são servidores de uma causa maior, cujo objetivo é conduzir os fiéis ao conhecimento de Deus e à prática dos mandamentos.

Em contrapartida, Barnabé não deixa de criticar aqueles que se distanciaram da mensagem original de Jesus e que introduziram doutrinas e interpretações que ele considera estranhas ao monoteísmo e à simplicidade da fé. Ele vê nesse distanciamento uma traição ao trabalho dos apóstolos e uma ameaça ao legado de Jesus. Para Barnabé, os apóstolos representam a resistência a essas inovações e a luta pela preservação da autenticidade da mensagem. Ele acredita que, ao se desviar da visão dos apóstolos, o movimento cristão corre o risco de perder sua identidade e de comprometer sua missão original de levar as pessoas a uma relação direta e pura com Deus.

A narrativa de Barnabé sobre o papel dos apóstolos culmina na ideia de que eles foram não apenas os transmissores, mas os guardiões de uma fé que deveria permanecer inalterada. Ele sugere que a continuidade do cristianismo depende da fidelidade a esses homens, que viveram e pregaram o que Jesus lhes ensinou, sem desviar-se ou tentar adaptar sua mensagem às demandas externas. Para Barnabé, os apóstolos são o elo sagrado que mantém a conexão entre Jesus e as gerações futuras, e ele exorta os cristãos a reverenciarem essa tradição, preservando os ensinamentos sem alterações.

Em conclusão, Barnabé vê nos apóstolos os pilares da fé, homens cuja vida e ensinamentos devem servir como exemplo para todos os cristãos. Ele os descreve como defensores inabaláveis da verdade e guardiões de uma fé que permanece pura e fiel ao que Jesus havia pregado. O papel dos apóstolos, segundo Barnabé, é um legado de compromisso e devoção, uma herança que cada cristão deve respeitar e preservar como forma de honrar a mensagem original de Jesus e de manter a continuidade do verdadeiro cristianismo.

Capítulo 35
A Natureza de Deus

No Evangelho de Barnabé, a natureza de Deus é descrita com uma ênfase singular na transcendência absoluta e na unidade incomparável do Criador. Barnabé delineia uma visão de Deus onde o monoteísmo estrito é o pilar inabalável, uma doutrina que rejeita categoricamente qualquer ideia de pluralidade divina ou de intermediários entre Deus e a humanidade. Para ele, Deus é o único digno de adoração, um ser cuja essência transcende o entendimento humano, e cuja existência é o ponto de origem e sustentação de toda a criação. Essa perspectiva molda a maneira como Barnabé vê a fé e interpreta o papel de Jesus, colocando Deus em uma posição de total e insubstituível singularidade.

Barnabé começa sua descrição de Deus ressaltando sua infinitude e onipotência. Ele vê Deus como um ser que está além do espaço e do tempo, existente antes de tudo e autor de todas as coisas. Para Barnabé, Deus é o Alfa e o Ômega, aquele que não possui começo nem fim, e que, por sua própria natureza, é inacessível ao entendimento humano pleno. Essa visão enfatiza a impossibilidade de se compreender completamente a natureza de Deus, ao mesmo tempo em que coloca a fé como uma resposta de confiança e submissão à autoridade suprema do Criador. Barnabé apresenta Deus como uma presença constante e invisível, que age no mundo de forma misteriosa e cuja sabedoria é incomparável.

A onipotência de Deus, segundo Barnabé, se manifesta na criação e na manutenção de todas as coisas. Ele descreve Deus como o autor da vida, aquele que criou os céus e a terra com uma palavra, e que governa o universo com justiça e misericórdia.

Essa concepção de Deus como o criador e mantenedor do cosmos reforça sua posição como a única autoridade verdadeira, um ser que não necessita de auxiliares ou de intermediários para realizar sua vontade. Barnabé enfatiza que Deus age por si só, e que tudo o que existe é dependente dele, mas ele próprio é autossuficiente, existindo em uma esfera de absoluta independência e poder.

Barnabé também insiste na ideia de que Deus é um ser profundamente justo e misericordioso, cujas ações são sempre guiadas por uma sabedoria perfeita. Para ele, Deus não apenas cria e sustenta, mas também governa com justiça absoluta, recompensando os justos e corrigindo os transgressores. A justiça divina é, para Barnabé, uma demonstração do amor de Deus pela humanidade, pois, ao recompensar e corrigir, ele orienta seus filhos para uma vida de obediência e retidão. Ao mesmo tempo, a misericórdia divina se revela no perdão e na compaixão que ele demonstra por aqueles que se arrependem, oferecendo a todos uma oportunidade de reconciliação. Barnabé pinta um quadro de Deus como uma entidade perfeita, cuja justiça e misericórdia caminham lado a lado, formando o caráter divino que é simultaneamente firme e amoroso.

Outro aspecto essencial na visão de Barnabé sobre a natureza de Deus é o monoteísmo absoluto. Para Barnabé, Deus é um ser único e indivisível, sem qualquer divisão ou compartimentalização. Ele rejeita a ideia de que Jesus seja divino ou uma manifestação de Deus em forma humana, afirmando que Deus não pode ser dividido ou representado por qualquer figura criada. Segundo Barnabé, o verdadeiro entendimento de Deus é aquele que reconhece sua unidade e que rejeita qualquer forma de dualidade ou trindade. Essa crença no monoteísmo rigoroso é a base da teologia de Barnabé, e ele vê essa unidade como uma verdade essencial que distingue a fé pura da idolatria e dos desvios doutrinários.

A unicidade de Deus, segundo Barnabé, implica que a adoração deve ser direcionada exclusivamente a ele, sem mediadores ou santos. Barnabé argumenta que Deus é completamente acessível àqueles que o buscam com sinceridade, sem necessidade de intermediários. Para ele, a relação entre Deus e a humanidade é direta e pessoal, e não requer figuras de intercessão. Barnabé enfatiza que Deus é capaz de ouvir e responder a cada ser humano individualmente, guiando-os por meio de sua palavra e inspirando-os a viver em conformidade com a sua vontade. Essa proximidade divina não diminui sua transcendência, mas demonstra sua disposição de estar próximo dos que buscam conhecê-lo.

Barnabé descreve a natureza de Deus também como profundamente imutável e perfeita. Ele sugere que Deus não muda com o tempo, nem adapta sua vontade para se ajustar aos desejos humanos. A imutabilidade de Deus é um reflexo de sua perfeição; ele não precisa mudar porque sua sabedoria e justiça são eternamente completas. Barnabé vê essa característica como uma garantia para os fiéis, pois ela significa que as promessas de Deus são certas e que sua justiça não se altera. A fé em um Deus imutável traz, para Barnabé, um senso de estabilidade e confiança, uma segurança de que a fé que eles seguem é fundada em um ser que é absolutamente fiel.

A transcendência de Deus é igualmente um tema central para Barnabé. Ele descreve Deus como inalcançável em sua essência, alguém cuja grandeza vai além do entendimento humano. Para Barnabé, é impossível conhecer a natureza completa de Deus, e qualquer tentativa de defini-lo ou de limitá-lo a uma figura humana é uma distorção da verdade. Essa visão sugere que o verdadeiro culto a Deus requer humildade, uma aceitação da limitação humana diante do mistério divino. Barnabé enxerga a adoração como um ato de reverência diante do desconhecido, onde o ser humano reconhece sua pequenez e confia plenamente na sabedoria de Deus.

Em contraste com o cristianismo ortodoxo, que afirma a divindade de Jesus, Barnabé reitera que Deus é o único digno de adoração. Ele rejeita qualquer tentativa de elevar Jesus ou qualquer outro profeta ao status de divindade, enfatizando que Jesus, assim como os profetas anteriores, foi enviado para guiar e não para substituir o papel central de Deus. Barnabé vê essa insistência no monoteísmo como um ponto crucial de diferença e como uma verdade inegociável da fé. Ele sugere que a elevação de figuras intermediárias compromete a pureza do culto e desvia a humanidade do relacionamento direto com o Criador.

Barnabé vê a natureza de Deus como a fundação sobre a qual toda a fé deve ser construída. A compreensão de Deus como um ser único, justo, misericordioso e imutável fornece, para ele, a base para uma vida de obediência e de verdadeira devoção. Ele sugere que essa compreensão não apenas informa a fé, mas também molda o comportamento ético e moral dos fiéis, incentivando-os a viver de forma que reflete os atributos divinos. Para Barnabé, a verdadeira vida religiosa é aquela que espelha a justiça e a compaixão de Deus, uma vida que busca a retidão e que se submete completamente à vontade divina.

Por fim, Barnabé vê a natureza de Deus como um convite ao compromisso total com a verdade e com a fé monoteísta. Ele conclama os fiéis a rejeitarem qualquer doutrina que comprometa a unidade e a pureza de Deus, insistindo que apenas uma fé fundamentada na adoração exclusiva a Deus é verdadeira. Barnabé apresenta a natureza de Deus como um mistério majestoso, que, embora seja inacessível em sua totalidade, pode ser conhecido em seus atributos, levando o ser humano a uma adoração que é, ao mesmo tempo, cheia de respeito e plena de confiança.

A natureza de Deus, para Barnabé, é o alicerce imutável da fé, um chamado constante à adoração sincera e à obediência irrestrita. Em sua visão, reconhecer a unicidade e a supremacia de Deus é a chave para uma vida de integridade espiritual, uma jornada de busca pelo conhecimento divino onde cada fiel é convidado a caminhar com humildade, aceitando a grandeza incomparável do Criador e buscando viver em harmonia com seus mandamentos.

Capítulo 36
Jesus como Servo

No Evangelho de Barnabé, Jesus é retratado não como uma figura divina ou redentora, mas como um servo de Deus, profundamente comprometido com sua missão de propagar a fé monoteísta e guiar as pessoas para a retidão. Barnabé enfatiza o papel de Jesus como um profeta dedicado, um homem cuja vida e ensinamentos servem como exemplo de obediência absoluta à vontade de Deus. Essa visão de Jesus desafia diretamente a doutrina cristã tradicional, que o considera como o Filho de Deus, e oferece uma perspectiva onde sua grandeza reside na humildade e na devoção.

Barnabé descreve Jesus como um homem de profunda fé, cuja principal responsabilidade era revelar a verdade de Deus ao povo e orientar suas vidas para um caminho de obediência. Ele o apresenta como um servo que não buscava glória para si, mas direcionava toda honra e adoração exclusivamente a Deus. Jesus é retratado como um modelo de submissão à vontade divina, alguém que, em cada ação e ensinamento, refletia uma fidelidade total ao Criador, recusando-se a aceitar qualquer tipo de veneração pessoal. Essa descrição reforça a ideia de que Jesus, embora respeitado e reverenciado por sua sabedoria e poder espiritual, nunca quis ser objeto de adoração.

Em sua postura como servo, Jesus, segundo Barnabé, vive uma vida de simplicidade e humildade. Ele não se coloca acima dos outros, mas vive entre eles, compartilhando das dificuldades e dos desafios que enfrentam. Para Barnabé, essa escolha de vida demonstra que Jesus via sua missão como um chamado para servir, não para dominar ou reinar sobre os homens. Sua grandeza está em sua disposição de viver como um exemplo de retidão, mostrando que a verdadeira fé se expressa na simplicidade, na bondade e na obediência à lei de Deus. Essa abordagem reforça a visão de Barnabé de que o caminho para Deus é acessível a todos, sem necessidade de figuras intermediárias ou de uma hierarquia espiritual.

Outro aspecto central da descrição de Jesus como servo é a maneira como ele resiste a qualquer tentativa de elevar sua posição além do que Deus lhe designou. Barnabé enfatiza que, quando os discípulos ou o povo tentam atribuir a ele um status especial, Jesus os corrige, reafirmando que ele é apenas um mensageiro. Segundo Barnabé, Jesus deixa claro que seu poder e sabedoria vêm exclusivamente de Deus e que ele age apenas como um canal para a vontade divina. Essa postura reforça a importância da humildade e da fidelidade, virtudes que Barnabé considera essenciais para qualquer pessoa que deseje estar em harmonia com Deus.

Para Barnabé, o exemplo de Jesus como servo representa uma rejeição à ambição e ao orgulho. Ele descreve Jesus como alguém que evitava qualquer tipo de honra mundana, preferindo servir aos outros e viver de acordo com a vontade de Deus. Esse ideal de vida modesta e de serviço ao próximo é, para Barnabé, a essência do que significa ser um verdadeiro servo de Deus. Ele vê em Jesus uma figura que, ao se distanciar dos títulos e das honrarias, convida seus seguidores a fazer o mesmo, ensinando que a verdadeira grandeza está em viver uma vida justa e em completa submissão ao Criador.

Barnabé também retrata Jesus como alguém que se preocupa com a instrução e a formação de seus seguidores, sempre orientando-os para uma vida de retidão. Ele não impõe a fé, mas convida as pessoas a se aproximarem de Deus através da compreensão e da prática dos mandamentos. Esse enfoque em um relacionamento direto com Deus, sem intermediários ou complexidades, reforça a mensagem de que cada pessoa é capaz de se conectar ao divino de forma direta. Barnabé valoriza essa abordagem pedagógica de Jesus, onde o foco está em ensinar aos fiéis a verdadeira obediência, uma obediência que não busca recompensa, mas que nasce de um coração comprometido com a verdade.

Ao colocar Jesus como servo, Barnabé também enfatiza a importância do arrependimento e da transformação pessoal. Ele descreve Jesus como um guia que exorta as pessoas a se arrependerem de seus erros e a buscarem uma vida nova, livre do pecado e dedicada a Deus. Jesus, segundo Barnabé, ensina que o caminho para Deus é construído diariamente, com escolhas conscientes que refletem o compromisso de cada um com a retidão. Essa ideia de crescimento espiritual constante e de autoaperfeiçoamento reforça a crença de Barnabé de que a vida de fé é uma jornada, onde cada passo em direção à retidão é uma expressão da verdadeira servidão a Deus.

Além disso, Barnabé destaca a dedicação de Jesus à oração e à comunhão com Deus, apresentando-o como um exemplo de espiritualidade e de devoção sincera. Jesus passa longas horas em oração, buscando orientação e força para cumprir sua missão. Barnabé sugere que essa prática de oração contínua é uma marca da vida do verdadeiro servo, que reconhece sua dependência de Deus e que busca continuamente sua presença. A oração, para Barnabé, não é apenas uma prática ritual, mas uma forma de conexão real com Deus, um momento de entrega e de busca por sabedoria. Ele vê em Jesus um exemplo de como a oração fortalece e capacita o fiel a viver em conformidade com a vontade divina.

A visão de Barnabé sobre Jesus como servo também sublinha a rejeição da ideia de que ele seja o redentor da humanidade. Barnabé afirma que Jesus não veio para assumir os pecados do mundo, mas para ensinar e orientar os homens em um caminho de retidão que os levaria a Deus. Ele rejeita a noção de sacrifício vicário, preferindo uma fé onde cada indivíduo é responsável por sua própria redenção através da obediência e do arrependimento. Essa interpretação coloca a responsabilidade de alcançar a salvação diretamente sobre cada pessoa, eliminando a necessidade de um intermediário divino. Para Barnabé, Jesus é um exemplo, não um substituto, e sua missão é de orientação, não de expiação.

Barnabé valoriza a vida de Jesus como um testemunho de que é possível viver em conformidade com a vontade de Deus, sem compromissos ou desvios. Ele sugere que a obediência de Jesus e sua vida de serviço revelam a verdadeira natureza do que significa ser um servo. Em Jesus, os fiéis encontram um exemplo de como é possível viver uma vida completamente dedicada a Deus, uma vida que, embora humana, é rica em espiritualidade e em compromisso. Para Barnabé, o verdadeiro seguidor de Deus não busca honras ou recompensas, mas vive em obediência humilde, dedicando sua vida ao serviço divino e aos outros.

A figura de Jesus como servo, conforme descrita por Barnabé, oferece uma visão alternativa e desafiadora para a teologia cristã. Em vez de ser visto como um redentor divino, Jesus é apresentado como o modelo supremo de obediência e humildade, alguém que não busca glória para si, mas que vive para apontar o caminho para Deus. Essa visão de Jesus como servo reitera a centralidade de Deus e da prática da retidão na vida de fé, e convida cada fiel a seguir o exemplo de humildade e devoção que ele oferece.

Para Barnabé, a verdadeira grandeza de Jesus não está em qualquer poder divino, mas em sua dedicação à vontade de Deus e em sua disposição para viver como um servo. Ele vê Jesus como o exemplo máximo de uma vida entregue à verdade, um guia que chama os fiéis a uma relação direta com o Criador e a uma vida de serviço. Assim, Jesus, o servo de Deus, se torna, na visão de Barnabé, o maior mestre e modelo, não como figura divina, mas como o protótipo de uma vida centrada na fé e na obediência.

Capítulo 37
Crenças Muçulmanas e Cristãs

No Evangelho de Barnabé, o retrato de Jesus, o papel dos profetas e o entendimento sobre a natureza de Deus revelam pontos de convergência e divergência fundamentais entre as crenças muçulmanas e cristãs. Barnabé apresenta uma visão de Jesus e de sua mensagem que ressoa com vários princípios do Islã, particularmente em relação ao monoteísmo estrito e à rejeição de qualquer forma de divindade atribuída a Jesus. Este capítulo explora como as interpretações do Evangelho de Barnabé dialogam com o Islã e o cristianismo, destacando tanto as proximidades teológicas quanto as distinções que moldam cada tradição.

Barnabé começa por enfatizar o monoteísmo absoluto, um princípio que compartilha com o Islã. Na teologia islâmica, o conceito de "Tawhid" define a unicidade de Deus como um ponto central da fé, rejeitando qualquer forma de pluralidade ou associação. Da mesma forma, Barnabé defende veementemente a unidade de Deus, negando qualquer aspecto divino atribuído a Jesus. Ele coloca Deus como o único digno de adoração, rejeitando a doutrina da Trindade e posicionando Jesus como um profeta subordinado à vontade divina. Essa semelhança com o conceito islâmico de Deus sugere que a interpretação de Barnabé se alinha mais com a teologia muçulmana do que com a cristã ortodoxa, onde a Trindade é central.

Outro ponto de contato entre o Evangelho de Barnabé e o Islã é a visão de Jesus como profeta. Para os muçulmanos, Jesus (Isa) é altamente respeitado como um dos maiores profetas de

Deus, mas não é considerado divino ou filho de Deus. No Alcorão, Jesus é visto como um servo e mensageiro de Deus, um conceito que Barnabé reforça ao longo de seu evangelho. Ele apresenta Jesus como um guia moral e espiritual, cuja missão é direcionar as pessoas à adoração de Deus, em vez de posicionar-se como objeto de adoração. Essa perspectiva enfatiza a natureza humana de Jesus e sugere que ele veio reafirmar a lei divina, não como um salvador, mas como um exemplo de obediência a Deus.

A questão da crucificação também diferencia o cristianismo do Islã e reflete-se no Evangelho de Barnabé. No cristianismo, a crucificação de Jesus é o ato redentor que liberta a humanidade do pecado original, um elemento central na fé cristã. O Islã, no entanto, acredita que Jesus não foi crucificado, mas que alguém foi colocado em seu lugar, enquanto ele foi elevado aos céus por Deus. O Evangelho de Barnabé apresenta uma narrativa semelhante, onde Judas é confundido com Jesus e levado à crucificação, enquanto Jesus é salvo e levado para junto de Deus. Essa interpretação ecoa o entendimento islâmico e sugere uma divergência radical em relação ao cristianismo, onde a crucificação é um evento essencial para a salvação dos fiéis.

Barnabé também enfatiza o conceito de salvação através da obediência à lei e do arrependimento, um entendimento que se aproxima da visão islâmica. No Islã, a salvação é alcançada pela submissão à vontade de Deus, pela prática de boas obras e pela observância das obrigações religiosas. Barnabé rejeita a ideia de que Jesus expiou os pecados da humanidade e defende uma visão onde cada indivíduo é responsável por sua própria retidão e deve buscar o perdão diretamente de Deus. Esse conceito de salvação baseada na responsabilidade pessoal e no cumprimento dos mandamentos é semelhante ao caminho de retidão defendido no Islã, onde cada muçulmano é chamado a viver de acordo com a Sharia (lei islâmica) e a buscar constantemente a aprovação de Deus.

Além disso, Barnabé sugere que Jesus prenunciou a vinda de um profeta que completaria a revelação divina, um elemento que também encontra eco no Islã. Os muçulmanos acreditam que

Maomé é o "Selo dos Profetas", o último mensageiro de Deus, que traz a mensagem final e completa. Barnabé descreve Jesus como um precursor desse último profeta, destacando que sua própria missão era preparar o caminho para o mensageiro final. Essa visão reforça a conexão entre o Evangelho de Barnabé e o Islã, apresentando um ciclo profético que culmina com a revelação trazida por Maomé. Para Barnabé, essa continuidade profética é um sinal da orientação constante de Deus e da necessidade de seguir a revelação mais recente como expressão final da vontade divina.

A representação de Maria no Evangelho de Barnabé também traz proximidades com a visão islâmica. O Alcorão descreve Maria (Maryam) como uma mulher pura e escolhida por Deus, honrada entre todas as mulheres, mas sem o status de mãe de um ser divino. No Evangelho de Barnabé, Maria é respeitada como uma figura espiritual de grande importância, mas a ideia de uma "Mãe de Deus" é ausente, em linha com a rejeição da divindade de Jesus. Barnabé enfatiza a pureza e a devoção de Maria, retratando-a como uma mulher exemplar que contribui para a missão de Jesus sem reivindicar qualquer papel divino. Essa descrição reflete a reverência islâmica por Maria, onde ela é vista como uma mulher escolhida e abençoada, mas sem qualquer aspecto divino associado à sua figura.

Ainda que o Evangelho de Barnabé apresente essas similaridades com o Islã, ele também traz aspectos que contrastam com a fé muçulmana e a cristã tradicional. Embora Barnabé compartilhe o monoteísmo e a visão de Jesus como profeta com o Islã, ele escreve a partir de um contexto que mantém certos elementos do judaísmo e que valoriza a continuidade da lei mosaica. Diferentemente do cristianismo, que ensina que Jesus cumpriu e superou a lei, Barnabé sugere que a observância das leis judaicas é fundamental, uma perspectiva que ele considera essencial para a pureza da fé e que se aproxima da prática muçulmana de seguir a Sharia, embora as leis específicas possam variar.

Barnabé também mantém uma visão sobre a ética e a moralidade que ressoa tanto com o Islã quanto com o cristianismo, promovendo valores como a compaixão, a honestidade e a justiça. Ele sugere que os ensinamentos de Jesus são universais e aplicáveis a todas as pessoas, independentemente de sua origem. Essa visão ética comum aponta para um compartilhamento de princípios morais entre as três tradições e sugere que, para Barnabé, a verdadeira adoração a Deus é evidenciada pelo comportamento justo e pelo respeito ao próximo. Esse compromisso com a moralidade reflete a crença de Barnabé de que a fé genuína é inseparável da prática ética e que Deus se agrada daqueles que vivem com retidão.

Contudo, enquanto o Islã formalizou a crença em Maomé como o último profeta e em Jesus como um profeta anterior, o Evangelho de Barnabé não menciona explicitamente Maomé pelo nome, mas sugere que um profeta virá depois de Jesus, o que alguns leitores interpretam como uma referência ao Islã. Esse detalhe mantém o texto em uma posição ambígua, sem confirmar diretamente a crença muçulmana, mas deixando uma abertura para a interpretação. Essa ambiguidade reflete o contexto de influência religiosa mútua, onde ideias islâmicas e judaico-cristãs coexistem, talvez como tentativa de unificar princípios monoteístas comuns.

Em resumo, o Evangelho de Barnabé, em sua ênfase no monoteísmo, na humanidade de Jesus e na continuidade da revelação, revela muitas afinidades com a fé muçulmana, ao mesmo tempo em que conserva elementos que distinguem suas visões das tradições cristã e islâmica. Barnabé parece buscar uma linha de fé que defenda a unicidade de Deus e a responsabilidade pessoal, promovendo uma religião que transcende os limites das crenças específicas e que convida todos a um relacionamento direto e obediente com Deus.

Capítulo 38
Implicações Contemporâneas

As implicações contemporâneas do Evangelho de Barnabé são complexas e revelam um texto que continua a desafiar e a inspirar debates em diversas tradições religiosas, especialmente no diálogo entre cristianismo e islamismo. Barnabé, com sua visão singular sobre Jesus e seu papel, levanta questões que permanecem pertinentes no cenário atual, onde a busca por entendimento inter-religioso e por interpretações alternativas dos textos sagrados é cada vez mais urgente. Este capítulo explora como as mensagens e temas do Evangelho de Barnabé podem ser compreendidos e reinterpretados na sociedade moderna, destacando sua influência em discussões sobre identidade religiosa, autenticidade textual e o relacionamento entre as grandes tradições monoteístas.

No mundo contemporâneo, o Evangelho de Barnabé é frequentemente estudado por acadêmicos, teólogos e líderes religiosos que buscam compreendê-lo em seu contexto histórico e suas possíveis influências posteriores, especialmente no contexto islâmico. Acredita-se que o texto represente uma visão particular do cristianismo que se aproxima do islamismo em diversos aspectos, o que o torna um ponto de convergência e de tensão entre as duas tradições. Para os estudiosos modernos, o Evangelho de Barnabé levanta questões sobre o desenvolvimento da teologia cristã e islâmica e sobre como as interpretações alternativas podem influenciar a compreensão dos fiéis em cada religião.

O surgimento de uma sociedade global cada vez mais pluralista e interconectada tem incentivado o estudo do Evangelho de Barnabé como uma possível ponte para o diálogo entre cristãos e muçulmanos. A narrativa, que propõe uma visão de Jesus mais próxima à do islamismo, poderia servir para abrir o entendimento e desmistificar algumas das divergências mais acentuadas entre as duas religiões. Ao apresentar Jesus como um profeta e servo, Barnabé oferece uma perspectiva que ressoa com a visão islâmica, enquanto se desvia do conceito cristão de Jesus como Salvador e Filho de Deus. Em um contexto de diálogo inter-religioso, essa visão de Barnabé se torna uma ferramenta valiosa para aproximar muçulmanos e cristãos, encorajando o respeito por uma figura central em ambas as tradições, embora interpretada de maneiras distintas.

A contemporaneidade de Barnabé também reflete um interesse crescente por textos apócrifos e por evangelhos que não foram incluídos no cânone cristão oficial. A era moderna tem visto um ressurgimento da curiosidade em relação a esses textos, e o Evangelho de Barnabé, com sua visão alternativa, levanta questões sobre a seleção e a exclusão de certos textos no início do cristianismo. Esse ressurgimento questiona o que significa autenticidade e autoridade nos textos sagrados, instigando debates sobre os motivos históricos e teológicos que levaram à canonização dos evangelhos tradicionais e à marginalização de outros como o de Barnabé. Para muitos, o estudo do Evangelho de Barnabé representa uma tentativa de compreender a diversidade das primeiras crenças cristãs e de revisitar os aspectos da fé que foram suprimidos ou redefinidos com o tempo.

No entanto, o Evangelho de Barnabé não é unânime e traz consigo a controvérsia. A autenticidade do texto é amplamente questionada por muitos estudiosos que acreditam que ele pode ter sido escrito ou adaptado em um contexto islâmico, muitos séculos após a época dos primeiros apóstolos. Essa percepção impacta a recepção do evangelho tanto entre cristãos quanto entre muçulmanos, criando uma tensão entre os que defendem sua autenticidade como um documento alternativo dos primeiros tempos cristãos e aqueles que o consideram uma obra posterior. Em um cenário onde a autenticidade textual é frequentemente questionada, o Evangelho de Barnabé oferece um desafio contínuo para aqueles que buscam entender o desenvolvimento das tradições cristã e islâmica, ao mesmo tempo em que suscita debates sobre o próprio conceito de escritura sagrada.

Outro ponto importante na recepção moderna do Evangelho de Barnabé é seu impacto sobre a identidade religiosa. Para muitos muçulmanos, o texto representa uma reafirmação de suas crenças sobre Jesus e sobre o profetismo, pois oferece uma narrativa que se alinha com as doutrinas islâmicas. Para alguns cristãos, no entanto, o texto pode ser visto como uma distorção de suas crenças centrais, uma narrativa que desafia a divindade de Jesus e a importância de sua crucificação e ressurreição. Em um mundo onde a identidade religiosa está constantemente em discussão e em transformação, o Evangelho de Barnabé é uma presença que obriga cristãos e muçulmanos a confrontarem e reafirmarem suas convicções, ao mesmo tempo em que oferece um terreno comum para discutir pontos de convergência e divergência.

O uso do Evangelho de Barnabé no diálogo inter-religioso também enfrenta desafios significativos. A visão radicalmente distinta de Jesus apresentada no texto pode ser interpretada como uma ameaça para a teologia cristã, o que muitas vezes dificulta sua aceitação como uma ferramenta legítima para o diálogo. Muitos cristãos veem o Evangelho de Barnabé como um texto apócrifo que contradiz o núcleo de sua fé, e, portanto, hesitam em incluí-lo nas discussões ecumênicas. Por outro lado, alguns muçulmanos o adotam como uma confirmação de suas crenças, o que pode gerar uma dinâmica de confronto em vez de compreensão. Esse dualismo dificulta o uso do texto como uma base neutra para o diálogo, pois ele tende a polarizar em vez de harmonizar.

Contudo, o Evangelho de Barnabé continua a ser uma ferramenta valiosa para muitos que buscam uma compreensão histórica mais ampla do desenvolvimento do cristianismo e do islamismo. Em um contexto acadêmico, o texto é uma oportunidade para explorar como diferentes interpretações de figuras religiosas influenciaram a formação das identidades religiosas e culturais ao longo dos séculos. Ele oferece uma perspectiva única sobre a figura de Jesus, vista sob uma ótica que se alinha mais à tradição profética e menos à imagem redentora presente no Novo Testamento. Em sociedades cada vez mais secularizadas, onde o estudo das religiões visa entender suas influências históricas e sociais, o Evangelho de Barnabé se destaca como um exemplo de como uma figura central pode ser reinterpretada ao longo do tempo.

O Evangelho de Barnabé também suscita reflexões sobre os limites da fé e do dogma. Em um contexto onde muitos buscam uma espiritualidade mais inclusiva e menos restrita por dogmas específicos, o texto é visto como uma alternativa que questiona algumas das interpretações mais rígidas da figura de Jesus. Ele oferece uma visão onde Jesus é um guia espiritual, mas não um ser divino, um conceito que pode atrair aqueles que se interessam por uma prática religiosa que enfatize o exemplo moral e a relação direta com Deus. Nessa linha, o Evangelho de Barnabé fala a uma audiência que busca compreender Jesus de maneira mais humana, ao mesmo tempo que rejeita interpretações que o colocam como uma figura de adoração.

No campo da teologia e dos estudos inter-religiosos, o Evangelho de Barnabé é um recurso que permite questionar as certezas e expandir o entendimento sobre a diversidade das tradições religiosas. Ele encoraja os estudiosos e os crentes a refletirem sobre como as interpretações podem variar ao longo do tempo e como um mesmo personagem pode ter significados distintos para diferentes comunidades de fé. Em um mundo onde as religiões estão constantemente interagindo e influenciando umas às outras, o Evangelho de Barnabé é um lembrete de que o diálogo deve considerar as múltiplas perspectivas que surgiram e que ainda podem surgir.

Por fim, o Evangelho de Barnabé, com suas visões desafiadoras e sua narrativa única, continua a estimular a reflexão sobre o papel dos textos apócrifos no entendimento da fé. Ele nos lembra que a história da religião é complexa e multifacetada, e que cada texto, seja ele canônico ou apócrifo, oferece uma peça que ajuda a compor o grande mosaico da busca humana pelo divino. No contexto contemporâneo, onde a tolerância e o diálogo inter-religioso são valores cada vez mais valorizados, o Evangelho de Barnabé serve como uma provocação e uma oportunidade para que muçulmanos, cristãos e estudiosos reflitam sobre suas próprias crenças e busquem um entendimento mais profundo e inclusivo da figura de Jesus e de sua mensagem.

Capítulo 39
Estudo Comparativo

O Evangelho de Barnabé oferece uma visão única e, muitas vezes, contrastante da figura de Jesus e de suas obras, apresentando diferenças substanciais em relação aos evangelhos canônicos. Neste capítulo, exploramos essas diferenças em detalhe, destacando como cada uma molda uma interpretação distinta da figura de Jesus, de sua missão e das mensagens que transmitiu. A análise comparativa permite não apenas uma compreensão mais profunda do Evangelho de Barnabé, mas também revela os aspectos teológicos e culturais que influenciaram as representações de Jesus nos primeiros séculos do cristianismo.

Uma das distinções mais marcantes entre o Evangelho de Barnabé e os evangelhos canônicos é a ênfase na natureza humana de Jesus. Enquanto os evangelhos de Mateus, Marcos, Lucas e João se baseiam na crença de que Jesus é o Filho de Deus e frequentemente o descrevem como dotado de características divinas, Barnabé sustenta que Jesus é puramente humano, um profeta, servidor e mensageiro de Deus. No Evangelho de Barnabé, Jesus é visto como um servo fiel que não reivindica para si nenhum status divino, mas, ao contrário, busca continuamente dirigir toda a adoração e honra exclusivamente para Deus. Esse aspecto coloca o texto de Barnabé mais próximo da tradição islâmica, onde Jesus é respeitado como profeta, mas jamais associado à divindade.

A visão de Jesus como um profeta também impacta a forma como Barnabé descreve os milagres de Jesus. Nos evangelhos canônicos, os milagres são muitas vezes apresentados como evidências de sua divindade, sinais que apontam para seu poder como Filho de Deus e revelam sua autoridade sobre a criação. Em Barnabé, no entanto, os milagres são realizados com a autorização e o poder de Deus, não como demonstrações da divindade de Jesus, mas como prova de sua conexão e obediência ao Criador. Esta diferença reflete uma visão teológica onde Jesus age como um intermediário fiel e servo, e não como uma figura que possui poder por conta própria. Ao enfatizar a dependência de Jesus em relação a Deus, Barnabé reforça a unicidade de Deus e a importância do monoteísmo absoluto.

Outro ponto de divergência essencial entre o Evangelho de Barnabé e os evangelhos canônicos está na interpretação do papel de Judas e da crucificação de Jesus. Os evangelhos do Novo Testamento narram a crucificação de Jesus como o clímax de sua missão, um ato de redenção que serve para libertar a humanidade do pecado original. Barnabé, por outro lado, apresenta uma versão alternativa dos eventos, onde Judas é confundido com Jesus e acaba sendo crucificado em seu lugar. Essa interpretação rejeita a ideia de que Jesus morreu na cruz como um sacrifício redentor, um conceito que é central para a teologia cristã ortodoxa. Barnabé argumenta que Deus não permitiria que um profeta justo como Jesus sofresse tal destino, e essa crença se aproxima da visão islâmica de que Jesus foi levado ao céu por Deus antes da crucificação. Essa versão dos acontecimentos altera fundamentalmente o entendimento cristão sobre a salvação e o papel da cruz na fé, e coloca o Evangelho de Barnabé em uma posição de divergência doutrinária profunda em relação ao cristianismo canônico.

O conceito de salvação em Barnabé também difere significativamente do apresentado nos evangelhos canônicos. Para os autores do Novo Testamento, a morte e a ressurreição de Jesus são o centro da redenção humana, uma vitória sobre o pecado e a morte que oferece aos fiéis a promessa de vida eterna. Em Barnabé, a salvação não se dá por meio de um sacrifício divino, mas através da prática da obediência, do arrependimento e da submissão à vontade de Deus. Esse enfoque sobre a responsabilidade pessoal e a prática da retidão como caminho para a salvação reflete uma perspectiva que enfatiza o cumprimento da lei e uma vida moral, alinhando-se mais à visão islâmica e judaica do que à ideia cristã de salvação pela fé em Jesus Cristo como Salvador.

Além das diferenças teológicas, o Evangelho de Barnabé também apresenta variações narrativas que refletem uma abordagem distinta em relação aos eventos e personagens da vida de Jesus. Nos evangelhos canônicos, por exemplo, há uma ênfase significativa em Pedro e Paulo como figuras centrais na propagação do cristianismo. Barnabé, contudo, não concede essa mesma importância a Paulo, que é retratado de maneira menos favorável devido às divergências doutrinárias. Barnabé vê Paulo como alguém que desviou o cristianismo de sua mensagem original e o adaptou a uma visão mais helenizada, especialmente na interpretação da divindade de Jesus e na introdução da graça como meio de salvação. Esse conflito entre Barnabé e a visão paulina sobre Jesus reflete um debate teológico interno nos primeiros séculos do cristianismo, onde as diversas interpretações competiam pela aceitação entre os fiéis.

A relação com a lei mosaica é outro ponto de distinção importante. Enquanto os evangelhos canônicos indicam que Jesus cumpre e até reformula aspectos da lei, Barnabé defende a continuidade plena e rigorosa da observância da lei mosaica, sem nenhuma alteração. Para Barnabé, a prática fiel dos mandamentos dados por Deus a Moisés é essencial para a retidão, e ele rejeita qualquer ideia de que Jesus tenha vindo para mudar ou suavizar esses mandamentos. Essa abordagem diferencia o Evangelho de Barnabé das visões cristãs que interpretam a vinda de Jesus como o cumprimento da lei e uma introdução a uma nova aliança. Em vez disso, Barnabé vê Jesus como alguém que reafirma a lei e que não busca substituí-la por um novo código de fé ou prática.

A respeito da missão de Jesus, os evangelhos canônicos frequentemente falam do "Reino de Deus" como uma promessa espiritual e escatológica que se realiza através da fé em Jesus.

Barnabé, por outro lado, posiciona a missão de Jesus como uma reafirmação do monoteísmo e do cumprimento da lei, sem sugerir que ele fundou uma nova aliança ou um novo reino espiritual exclusivo. Jesus, para Barnabé, é um mensageiro de Deus que guia os fiéis de volta ao caminho da verdade e do monoteísmo, mas sem a pretensão de iniciar um novo movimento religioso desvinculado da tradição judaica. Essa perspectiva vê Jesus como um restaurador da fé original, comprometido em trazer o povo de volta a Deus sem romper com as práticas religiosas estabelecidas.

Outro ponto de divergência notável está na escatologia e na visão de um profeta futuro. Nos evangelhos canônicos, há menções à segunda vinda de Cristo e ao julgamento final, onde Jesus desempenha um papel essencial como juiz dos vivos e dos mortos. Barnabé, por sua vez, sugere que Jesus prenuncia a vinda de um último profeta, um enviado final que completará a mensagem de Deus e trará a revelação definitiva. Essa figura profética alude à crença islâmica de que Maomé é o último profeta, e que sua vinda encerra o ciclo de revelação divina. A ausência da doutrina da segunda vinda de Cristo no Evangelho de Barnabé altera a perspectiva escatológica, colocando o enfoque em um futuro profeta em vez de em uma volta de Jesus para julgar o mundo.

Essa análise comparativa mostra que o Evangelho de Barnabé propõe uma interpretação de Jesus e de sua mensagem que diverge substancialmente das narrativas canônicas e se alinha mais com algumas tradições islâmicas e judaicas. Ele enfatiza a submissão à lei, o monoteísmo estrito, e o papel de Jesus como um profeta e não como o Filho de Deus, questões que o distanciam da doutrina cristã ortodoxa e o aproximam de uma visão alternativa que pode ter sido influenciada por correntes religiosas não canônicas. Essas diferenças tornam o Evangelho de Barnabé uma leitura intrigante para estudiosos da religião, que buscam entender como as primeiras tradições cristãs evoluíram e como ideias diversas sobre Jesus se desenvolveram em distintas comunidades de fé.

Por fim, o estudo comparativo entre o Evangelho de Barnabé e os evangelhos canônicos revela o quão multifacetada é a representação de Jesus e como cada texto contribui para uma imagem distinta de sua missão e identidade. Essa diversidade de interpretações nos primeiros séculos do cristianismo reflete as diferentes influências culturais e religiosas que moldaram as crenças sobre Jesus e ajuda a esclarecer como a figura dele foi interpretada em contextos variados. O Evangelho de Barnabé continua a ser um exemplo dessa complexidade, apresentando uma visão que desafia e complementa as narrativas tradicionais e que convida os leitores a explorar a riqueza das tradições religiosas e as nuances das primeiras interpretações de uma das figuras mais influentes da história.

Capítulo 40
Influências Externas

O Evangelho de Barnabé, com suas particularidades narrativas e teológicas, reflete uma composição que não surge de uma fonte isolada, mas como o resultado de influências religiosas e culturais diversas. Este capítulo explora como o contexto de influências externas, especialmente do Oriente Médio, do judaísmo e do islamismo, podem ter moldado o conteúdo e as interpretações presentes no texto. Ao entender esses elementos, é possível vislumbrar como as interações culturais e as dinâmicas religiosas da época contribuíram para a formação de uma visão singular sobre Jesus, que tanto diverge quanto dialoga com as doutrinas canônicas do cristianismo.

O Oriente Médio, berço de grande parte das tradições religiosas monoteístas, oferece o primeiro cenário a ser considerado na análise das influências sobre o Evangelho de Barnabé. A região foi um ponto de encontro para diversas tradições espirituais, como o judaísmo, o cristianismo e, posteriormente, o islamismo. Esse cruzamento de culturas e crenças forneceu o solo fértil para o surgimento de ideias e interpretações híbridas, onde temas centrais de diferentes fés frequentemente se mesclavam e evoluíam. O Evangelho de Barnabé, com sua visão monoteísta estrita e a insistência na humanidade de Jesus, reflete aspectos dessas influências, onde a ênfase em um Deus único e indivisível é um elemento comum tanto no judaísmo quanto no islamismo, e menos no cristianismo trinitário.

Barnabé apresenta uma leitura da fé que exalta o monoteísmo absoluto, uma característica que ecoa princípios do judaísmo e do islamismo. No judaísmo, o conceito de Deus é estritamente monoteísta, um aspecto que o distingue do cristianismo trinitário. A tradição judaica sempre manteve uma visão de Deus como uma entidade única e indivisível, e Barnabé adota essa postura ao descrever Jesus apenas como um profeta e servo, eliminando qualquer indício de divindade. Essa ênfase no monoteísmo é reforçada ao longo do texto, que rejeita explicitamente a ideia da Trindade e coloca Jesus em um papel subordinado. A influência do monoteísmo judaico é evidente no Evangelho de Barnabé, onde a lei de Moisés e os mandamentos divinos ocupam um lugar de destaque, sugerindo que a prática religiosa está intrinsecamente ligada à obediência direta a Deus.

Além do judaísmo, o islamismo também parece influenciar o Evangelho de Barnabé, especialmente na maneira como retrata a missão profética de Jesus e a interpretação da crucificação. O islamismo, como religião monoteísta rigorosa, compartilha com o judaísmo uma rejeição à ideia da divindade de Jesus e enfatiza a necessidade de obedecer às revelações de Deus sem intermediários. Barnabé coloca Jesus em uma posição de humildade e submissão, semelhante ao papel que o Islã atribui a Isa (Jesus), onde ele é considerado um profeta altamente respeitado, mas humano. A narrativa de Barnabé onde Judas é confundido com Jesus e levado à crucificação reflete a crença islâmica de que Jesus não foi crucificado, mas que alguém tomou seu lugar, enquanto ele foi elevado por Deus. Esse detalhe específico sugere uma correspondência direta com as crenças islâmicas e indica que o Evangelho de Barnabé pode ter sido influenciado por ideias islâmicas que circulavam no Oriente Médio e no Mediterrâneo.

A cultura do Oriente Médio na época também era caracterizada por uma forte reverência à figura do profeta, um conceito central tanto no judaísmo quanto no islamismo. Profetas como Moisés, Elias e, posteriormente, Maomé são vistos como homens escolhidos para trazer a mensagem de Deus e conduzir o povo. Barnabé retrata Jesus dentro dessa tradição, destacando sua missão como guia espiritual e mestre, mas sem qualquer atributo divino. Essa visão compartilha semelhanças com a abordagem islâmica e judaica de respeito aos profetas, sem, no entanto, elevá-los ao status de divindade ou adoração. A ideia de que Jesus era um mestre que seguia a lei, sem modificá-la ou superá-la, está mais próxima das tradições judaicas e islâmicas do que do cristianismo tradicional, onde Jesus é visto como o cumprimento da lei.

A influência externa sobre o Evangelho de Barnabé também se manifesta em sua ênfase sobre a lei e a prática moral, elementos fundamentais para a salvação. No judaísmo, a obediência aos mandamentos é um aspecto central da vida religiosa, e no islamismo, a observância dos preceitos da Sharia é essencial para a conduta de vida. Barnabé parece seguir uma linha similar ao posicionar a obediência e o cumprimento das leis como caminho para se aproximar de Deus. Em contraste com a doutrina cristã que valoriza a graça e a fé em Cristo como meio de salvação, Barnabé defende uma prática onde cada indivíduo é responsável por seus próprios atos e deve buscar a retidão pessoal para alcançar o favor de Deus. Esse conceito de obediência à lei para se alcançar a salvação reflete uma influência cultural que se desvia da teologia cristã ortodoxa e se aproxima mais das práticas religiosas judaicas e islâmicas.

Outro aspecto que merece destaque são as influências literárias e filosóficas que permeavam o mundo helenístico e que moldaram a narrativa e o estilo de muitos textos religiosos da época, incluindo o Evangelho de Barnabé. Durante os primeiros séculos, o cristianismo e outras religiões monoteístas interagiam constantemente com as filosofias helenísticas, especialmente com o estoicismo e o platonismo, que enfatizavam conceitos de moralidade, virtude e a busca pelo bem supremo. Embora o Evangelho de Barnabé rejeite a divindade de Jesus e os elementos místicos atribuídos a ele, ele incorpora, de maneira sutil, ideias de ética e comportamento moral que eram valorizadas na filosofia helenística e que permeavam as culturas religiosas da época. Essa absorção de conceitos filosóficos reflete como o texto se alinha com o ideal de vida virtuosa, uma prática que era vista como expressão de devoção verdadeira tanto na religião quanto na filosofia grega.

No contexto mais amplo do Oriente Médio e do Mediterrâneo, o sincretismo religioso e filosófico era um fenômeno comum, e a coexistência de tradições frequentemente resultava em interpretações e adaptações únicas dos ensinamentos religiosos. O Evangelho de Barnabé, ao adotar e reinterpretar elementos dessas influências culturais, revela como o cristianismo não era um movimento isolado, mas profundamente inserido em um ambiente de troca de ideias e de influências mútuas. A combinação de valores morais judaicos, de crenças proféticas islâmicas e de princípios éticos helenísticos no Evangelho de Barnabé demonstra como os textos religiosos da época muitas vezes refletiam uma fusão de conceitos, buscando um entendimento de fé que ressoasse com o público diversificado da região.

Além disso, as questões políticas e sociais do período também influenciaram as interpretações religiosas. A presença do Império Romano e as tensões culturais entre as autoridades romanas e as comunidades judaicas e cristãs na região impulsionaram o surgimento de discursos que enfatizavam o monoteísmo e a identidade religiosa como formas de resistência e de preservação cultural. Para comunidades que valorizavam suas tradições e resistiam às influências externas, a narrativa de um Jesus profeta e humano poderia representar uma afirmação de fé em um único Deus, em contraste com a dominação romana que promovia uma multiplicidade de deuses e cultos. O Evangelho de Barnabé, ao reiterar o monoteísmo e a obediência à lei, pode ser visto como um reflexo dessa necessidade de preservação cultural e como uma tentativa de reafirmar as tradições monoteístas diante de uma sociedade multicultural e politicamente dominada.

Assim, as influências externas sobre o Evangelho de Barnabé fornecem um quadro mais amplo de sua composição e de suas motivações. Ele não é apenas um texto alternativo do cristianismo primitivo, mas uma obra que reflete as interações e as trocas culturais da época, incorporando elementos judaicos, islâmicos e filosóficos em uma tentativa de comunicar uma visão unificada e monoteísta de Jesus. Esse contexto de influência multifacetada faz com que o Evangelho de Barnabé continue a ser um exemplo de como os textos religiosos não são isolados, mas profundamente moldados pelas forças culturais e religiosas que os cercam, abrindo caminho para uma compreensão mais rica e matizada das tradições monoteístas.

Capítulo 41
A Controvérsia no Islamismo

O Evangelho de Barnabé apresenta uma visão de Jesus que, por suas características, atraiu a atenção de estudiosos islâmicos ao longo dos séculos, especialmente por suas aparentes convergências com certas doutrinas islâmicas sobre a natureza de Cristo e o monoteísmo rigoroso. Este capítulo investiga como o Evangelho de Barnabé foi recebido e interpretado no contexto islâmico, explorando os debates em torno de sua autenticidade e seu uso como referência teológica. A análise da controvérsia revela tanto o interesse que o texto desperta entre muçulmanos quanto as reservas que surgem ao se considerar suas origens e interpretações.

Ao contrário dos evangelhos canônicos, que apresentam a divindade de Jesus e seu papel como redentor, o Evangelho de Barnabé descreve Jesus como um profeta enviado por Deus, sem características divinas, em uma linha que se alinha com a visão islâmica. No Alcorão, Jesus é Isa, um profeta respeitado e um mensageiro de Deus, mas sem qualquer natureza divina ou papel de Salvador. Além disso, o Evangelho de Barnabé apresenta uma narrativa de substituição na crucificação de Jesus, onde Judas, e não Cristo, teria sido crucificado. Essa interpretação é congruente com a tradição islâmica de que Jesus não morreu na cruz, mas foi elevado aos céus antes do momento da crucificação, protegendo-o de um destino trágico e reservando-o para um papel futuro.

Essas semelhanças com as doutrinas islâmicas fizeram com que o Evangelho de Barnabé fosse, em algumas ocasiões, tratado como um texto próximo ao pensamento islâmico. Durante a Idade Média e os períodos subsequentes, estudiosos islâmicos ocasionalmente mencionaram o Evangelho de Barnabé como um possível exemplo de um "evangelho verdadeiro", que manteria uma versão da vida de Jesus que se adequa aos ensinamentos islâmicos. Para alguns teólogos e historiadores muçulmanos, o texto era visto como uma prova de que a visão cristã tradicional de Jesus poderia ter sido distorcida ao longo do tempo. Esta ideia gerou um movimento de aceitação limitada, em que o Evangelho de Barnabé era examinado como uma possível alternativa aos evangelhos canônicos, embora sua autenticidade permanecesse sob constante questionamento.

Entretanto, essa aceitação não foi universal nem isenta de controvérsias. Muitos acadêmicos islâmicos também mostraram ceticismo em relação ao Evangelho de Barnabé, devido às incertezas quanto à sua origem e à ausência de qualquer menção ao texto nos primeiros registros históricos do islamismo. A crítica é especialmente forte entre aqueles que questionam a autenticidade do evangelho, uma vez que seu estilo literário e alguns elementos culturais parecem refletir influências posteriores, possivelmente medievais, e não um relato genuíno dos tempos de Jesus e dos apóstolos. Esse ceticismo levou estudiosos muçulmanos a considerar o Evangelho de Barnabé com uma cautela considerável, vendo-o mais como um texto de interesse teológico do que como uma escritura canônica ou revelação verdadeira.

Um dos aspectos mais controversos do Evangelho de Barnabé no contexto islâmico é a possibilidade de que ele tenha sido criado ou adaptado como uma obra pseudepigráfica, ou seja, escrita por um autor anônimo que atribuiu o texto a Barnabé para lhe dar maior autoridade. Essa prática de pseudepigrafia era comum na antiguidade e na Idade Média e se refletia em obras que buscavam legitimar certas crenças ou teologias sob a autoria de figuras respeitadas. Embora a pseudepigrafia também exista em outros textos religiosos, ela lança uma sombra sobre o Evangelho de Barnabé, gerando desconfiança entre os estudiosos islâmicos que desejam evitar qualquer texto cuja origem não seja clara ou que possa conter interferências culturais externas.

Outra razão pela qual o Evangelho de Barnabé suscita controvérsias no islamismo é sua linguagem e estrutura, que divergem dos textos árabes clássicos e das tradições orais do Islã. Alguns acadêmicos argumentam que o texto, ao apresentar um estilo literário ocidental e temas culturais mais comuns na Europa medieval, pode ter sido escrito com um público específico em mente, talvez com a intenção de influenciar tanto os muçulmanos quanto os cristãos da época. Esse aspecto levanta dúvidas sobre o propósito original do texto e sobre as intenções de seu autor, uma questão que reforça a posição crítica de muitos estudiosos islâmicos em relação à legitimidade e autenticidade do Evangelho de Barnabé.

Contudo, o interesse pelo Evangelho de Barnabé no islamismo contemporâneo persiste. Ele é frequentemente revisitado em debates acadêmicos e teológicos, tanto por muçulmanos quanto por cristãos, como uma maneira de entender as intersecções entre as duas religiões e explorar como a figura de Jesus pode ser interpretada de maneiras diversas. Em alguns círculos islâmicos, o texto é considerado um exemplo de uma possível narrativa alternativa sobre Jesus, que desafia a visão cristã tradicional e proporciona um ponto de vista que está em maior sintonia com a doutrina islâmica. Embora esses grupos o utilizem para apoiar suas crenças, o Evangelho de Barnabé ainda é considerado apócrifo e não tem status oficial no Islã, uma vez que o Alcorão é a autoridade máxima sobre a figura de Jesus para os muçulmanos.

O impacto do Evangelho de Barnabé também é sentido no diálogo inter-religioso, onde ele frequentemente é usado como uma ponte entre muçulmanos e cristãos que buscam pontos de convergência. Para aqueles envolvidos no diálogo, o Evangelho de Barnabé oferece uma visão de Jesus que pode ser entendida e discutida tanto por muçulmanos quanto por cristãos, permitindo que ambos explorem suas similaridades e diferenças sem a necessidade de recorrer aos textos canônicos de uma única tradição. No entanto, essa abordagem também encontra limitações, já que muitos cristãos consideram o Evangelho de Barnabé uma distorção de suas crenças centrais e, portanto, evitam usá-lo como base para um diálogo significativo.

A controvérsia sobre o Evangelho de Barnabé no contexto islâmico reflete a complexidade da recepção de textos religiosos não canônicos e a importância da autenticidade nas tradições religiosas. Para muitos muçulmanos, o Alcorão é visto como a revelação final e completa de Deus, o que torna qualquer texto extra-canônico desnecessário ou mesmo suspeito. Por outro lado, o interesse acadêmico pelo Evangelho de Barnabé é impulsionado pelo desejo de explorar diferentes perspectivas e entender como as visões de Jesus se desenvolveram em várias tradições religiosas. Assim, o Evangelho de Barnabé permanece um objeto de estudo que desperta tanto curiosidade quanto ceticismo, e que exemplifica os desafios e as oportunidades de diálogo entre muçulmanos e cristãos.

Em última análise, o Evangelho de Barnabé, apesar de suas origens incertas, continua a ter um impacto duradouro na teologia islâmica e nos debates inter-religiosos, sendo uma peça intrigante na compreensão das relações entre cristianismo e islamismo. O texto serve como um exemplo de como a figura de Jesus foi interpretada de diferentes formas ao longo da história e de como essas interpretações refletem as complexas interações entre culturas e religiões.

Capítulo 42
Apócrifos e Cânones

A distinção entre os textos apócrifos e os canônicos moldou profundamente a forma como o cristianismo estabeleceu suas doutrinas centrais e suas práticas. O Evangelho de Barnabé, como um texto apócrifo, coloca-se à margem dos evangelhos aceitos pela Igreja e traz à tona as tensões e os critérios que, durante os primeiros séculos do cristianismo, determinaram quais escritos seriam considerados autênticos e inspirados. Este capítulo explora a história, os critérios de seleção e as implicações dos textos apócrifos, com ênfase na posição singular do Evangelho de Barnabé e em como ele se diferencia dos evangelhos canônicos do Novo Testamento.

Nos primeiros séculos após a morte de Jesus, a transmissão oral de seus ensinamentos e a circulação de textos escritos tornaram-se essenciais para a preservação e propagação do cristianismo. Na ausência de um cânone oficial, muitos relatos e interpretações da vida de Jesus surgiram, incluindo não apenas os evangelhos canônicos de Mateus, Marcos, Lucas e João, mas também uma ampla gama de textos apócrifos, que ofereciam versões alternativas dos ensinamentos e da missão de Jesus. Esses escritos, muitas vezes divergentes entre si e em relação aos textos canônicos, abordavam aspectos da vida de Jesus que os evangelhos oficiais não detalhavam, adicionando camadas de mistério, esoterismo e interpretação pessoal.

Entre os textos apócrifos, muitos, como o Evangelho de Tomé e o Evangelho de Maria, destacam-se por apresentar uma espiritualidade e um entendimento da missão de Jesus que difere dos evangelhos canônicos. Esses textos frequentemente revelam visões místicas e gnósticas, enfatizando um Jesus cujos ensinamentos vão além das doutrinas da Igreja e que possuem uma dimensão de conhecimento espiritual secreto. O Evangelho de Barnabé, por sua vez, toma uma abordagem distinta, reforçando uma interpretação estritamente monoteísta e afastando-se das noções de divindade e sacrifício expiatório que caracterizam os evangelhos aceitos. Enquanto os evangelhos gnósticos enfatizam o conhecimento oculto, Barnabé apresenta uma figura de Jesus mais humana e profética, em linha com o pensamento de que ele veio reformar o monoteísmo sem reclamar uma posição divina.

A formação do cânone cristão foi, em grande parte, uma resposta às múltiplas visões que circulavam nas primeiras comunidades cristãs. No século IV, líderes da Igreja começaram a consolidar um conjunto de textos que, em sua visão, representavam a verdadeira doutrina apostólica. Esse processo de seleção buscava uniformizar as crenças, excluir heresias e preservar o que se considerava a essência da fé cristã. Entre os critérios estabelecidos para a canonização estavam a autoria apostólica, a coerência teológica com os ensinamentos de Jesus e o uso litúrgico nas comunidades. O Evangelho de Barnabé, junto com outros textos apócrifos, foi excluído porque apresentava interpretações e temas que não estavam em conformidade com o ensino apostólico consolidado pelos líderes da Igreja e desafiavam a visão emergente da divindade de Cristo e de sua função redentora.

A exclusão do Evangelho de Barnabé e de outros textos apócrifos gerou, ao longo dos séculos, um debate sobre o papel desses escritos no cristianismo. Por um lado, a Igreja defende que a canonização foi necessária para garantir a pureza e a consistência dos ensinamentos de Cristo. Por outro, alguns estudiosos e religiosos consideram que a exclusão de certos textos privou o cristianismo de uma compreensão mais abrangente e diversa da figura de Jesus. A controvérsia em torno dos apócrifos reflete, em parte, a tensão entre um entendimento institucionalizado da fé e uma expressão mais pluralista da espiritualidade cristã, que se manifesta nas interpretações alternativas dos apóstolos e de figuras próximas a Jesus.

O Evangelho de Barnabé é especialmente interessante porque, ao contrário de outros apócrifos que destacam a divindade de Cristo ou oferecem interpretações místicas, ele apresenta uma narrativa que se assemelha mais à visão islâmica. Ao retratar Jesus como um profeta e não como o Filho de Deus, e ao negar a crucificação como um ato redentor, Barnabé se distancia não só dos evangelhos canônicos, mas também da estrutura doutrinária do cristianismo ortodoxo. Essa diferença tornou o Evangelho de Barnabé controverso não apenas entre os cristãos, mas também entre os muçulmanos que, em algumas épocas, o acolheram como um possível evangelho "genuíno" que refletia verdades ocultas, até então rejeitadas pelos líderes cristãos.

A questão dos apócrifos também levanta a importante discussão sobre o que constitui autoridade e autenticidade dentro de uma tradição religiosa. No cristianismo, a autoridade da escritura é central para a fé, e a canonização estabeleceu um conjunto fixo de textos que orientam a doutrina e a prática religiosa. Contudo, a existência de textos como o Evangelho de Barnabé sugere que havia outras interpretações da mensagem de Jesus que, embora rejeitadas pelo cânone oficial, mantiveram uma relevância histórica e cultural. Estes textos representam uma faceta da fé que foi marginalizada, mas que ainda oferece insights sobre as primeiras compreensões cristãs e sobre as possíveis variações na mensagem de Jesus.

Os textos apócrifos, incluindo o Evangelho de Barnabé, também desempenham um papel importante na teologia comparada e no diálogo inter-religioso. Eles permitem uma análise mais ampla da tradição cristã, destacando as complexidades e as divergências que existiam entre as primeiras comunidades cristãs. No caso do diálogo entre cristãos e muçulmanos, o Evangelho de Barnabé é um ponto de convergência e de conflito, pois enquanto reforça alguns pontos de vista islâmicos, desafia as interpretações cristãs tradicionais.

Esse paradoxo torna o Evangelho de Barnabé um objeto de estudo tanto para estudiosos religiosos quanto para aqueles interessados em promover um entendimento inter-religioso.

Ao longo do tempo, o interesse acadêmico pelos textos apócrifos, incluindo o Evangelho de Barnabé, tem crescido. Estudiosos modernos argumentam que esses textos revelam aspectos da espiritualidade cristã que foram suprimidos ou alterados pela ortodoxia institucional. O estudo dos apócrifos permite que se compreenda melhor as diversas correntes de pensamento que influenciaram o cristianismo e oferece uma visão mais completa do ambiente religioso e cultural da época. Para alguns, a preservação desses textos apócrifos, mesmo fora do cânone oficial, serve como um lembrete de que a fé cristã é multifacetada e que sua história é repleta de interpretações ricas e complexas que foram, em parte, moldadas por diferentes forças sociais, políticas e teológicas.

O Evangelho de Barnabé é, portanto, um testemunho da pluralidade de perspectivas que coexistiam nos primeiros séculos da era cristã. A análise de sua exclusão do cânone e sua classificação como apócrifo revelam os processos de construção e de exclusão que moldaram a identidade do cristianismo. Ainda que fora dos limites do cânone, o Evangelho de Barnabé permanece uma fonte valiosa para aqueles que buscam entender a história do cristianismo e explorar as interpretações alternativas da figura de Jesus, as quais ressoam até hoje em debates teológicos e inter-religiosos.

Os apócrifos, e especialmente o Evangelho de Barnabé, mostram que a história do cristianismo é marcada pela diversidade de vozes e interpretações. Eles convidam à reflexão sobre o que se perde e o que se ganha na formação de um cânone religioso, um cânone que busca, ao mesmo tempo, preservar uma identidade doutrinária e abranger a profundidade da experiência espiritual humana. Ao examinar os apócrifos e compreender as razões para sua exclusão, abre-se um espaço para apreciar a complexidade e a riqueza das tradições cristãs e para reconhecer que o entendimento da fé é uma jornada que sempre abrigou múltiplas visões.

Capítulo 43
Relatos de Apóstolos

O Evangelho de Barnabé oferece uma representação única e, muitas vezes, controversa sobre os apóstolos e suas interações com Jesus. Este capítulo investiga como Barnabé descreve outros apóstolos, abordando as nuances e diferenças nas personalidades e papéis atribuídos a figuras centrais como Pedro, João e, em especial, Paulo. Essas representações não apenas destacam as relações entre os apóstolos, mas também revelam as divergências doutrinárias e os conflitos que marcam o cenário primitivo do cristianismo e que influenciaram o desenvolvimento das primeiras comunidades cristãs.

No relato de Barnabé, os apóstolos aparecem como personagens com motivações e compreensões diversas, refletindo a complexidade de um movimento que ainda buscava definir sua identidade e missão. A partir dessa narrativa, Barnabé enfatiza as dinâmicas de colaboração, mas também as tensões e os questionamentos internos sobre a verdadeira mensagem de Jesus e como ela deveria ser disseminada. Nesse contexto, Pedro, que nos evangelhos canônicos é frequentemente retratado como o discípulo mais próximo de Jesus e um dos primeiros a reconhecê-lo como o Messias, aparece em Barnabé com um tom mais moderado, alguém que precisa equilibrar as pressões de interpretar a mensagem de Jesus sem se afastar do monoteísmo estrito que Barnabé defende.

A figura de João, conhecido por seu evangelho místico e profundo, também é retratada com uma interpretação distinta no Evangelho de Barnabé. Em vez de se concentrar nos temas de amor e divindade que permeiam o evangelho tradicionalmente atribuído a ele, Barnabé apresenta João como um seguidor comprometido, mas que deve confrontar as divergências teológicas sobre a natureza de Jesus. O texto de Barnabé evita sugerir que João tivesse aceitado uma compreensão da divindade de Jesus, apresentando-o antes como um discípulo fiel que vê Jesus como o profeta prometido, e não como uma figura divina. Essa visão é significativa, pois sugere que a unidade entre os apóstolos era mais frágil e permeada por diferenças do que o relato dos evangelhos canônicos pode sugerir.

A relação de Barnabé com Paulo é uma das mais emblemáticas e controversas deste evangelho. Ao contrário da veneração que muitos cristãos demonstram por Paulo como o "apóstolo dos gentios" e como um dos principais responsáveis pela disseminação do cristianismo fora da Judeia, o Evangelho de Barnabé descreve Paulo de maneira crítica, implicando que suas interpretações e adaptações da mensagem de Jesus se desviaram dos ensinamentos originais. Essa visão reflete uma tensão histórica e teológica: enquanto Paulo defendia uma abertura da mensagem cristã aos gentios e uma adaptação da prática religiosa que incluía a abolição de certos rituais judaicos, Barnabé, segundo o evangelho atribuído a ele, enfatizava a necessidade de manter a lei e as tradições mosaicas como parte essencial da fé.

Essa postura crítica em relação a Paulo coloca Barnabé em um papel de defensor da ortodoxia original, reforçando a importância de um monoteísmo puro e a obediência aos mandamentos tradicionais. O desacordo entre Barnabé e Paulo, sugerido ou amplamente interpretado no evangelho de Barnabé, não é apenas um conflito de personalidades, mas uma divergência profunda sobre a essência do cristianismo e sobre como a mensagem de Jesus deveria ser entendida e praticada. Enquanto Paulo avançava com uma visão mais inclusiva e adaptada, que permitia a aceitação de não judeus sem a necessidade de seguir a lei judaica, Barnabé propunha uma adesão rigorosa à tradição mosaica, defendendo a continuidade da lei como um caminho para se aproximar de Deus.

No Evangelho de Barnabé, a crítica a Paulo também reflete uma preocupação com a preservação da pureza doutrinária. Ao rejeitar a ideia de que Jesus é o Filho de Deus e ao insistir na necessidade de observar a lei, Barnabé se opõe ao cristianismo paulino que enfatiza a fé em Cristo como um caminho para a salvação e a superação das antigas práticas judaicas. Para Barnabé, Paulo é uma figura que distorceu os ensinamentos de Jesus, adicionando um componente teológico que, aos olhos de Barnabé, ameaça o monoteísmo absoluto. Essa abordagem destaca a resistência de Barnabé a qualquer interpretação que pudesse diluir a unicidade de Deus ou colocar a figura de Jesus em um papel que conflita com o monoteísmo judaico.

Os apóstolos são, no Evangelho de Barnabé, representantes de um esforço coletivo e humano de entender e transmitir a mensagem de Jesus. Em contraste com os relatos canônicos que frequentemente mostram os apóstolos como figuras de unidade e propósito divino, Barnabé os representa como indivíduos com crenças distintas e com dificuldades em chegar a um consenso pleno sobre a natureza e a missão de Jesus. O texto sublinha a complexidade das primeiras comunidades cristãs e a luta interna para se chegar a um entendimento comum, uma questão que, de acordo com Barnabé, foi exacerbada pela influência de Paulo e pela eventual introdução de conceitos que transformaram a percepção de Jesus.

A abordagem de Barnabé às figuras apostólicas também destaca uma postura de humildade e submissão diante de Deus. A obra sugere que os apóstolos, apesar de seu compromisso e proximidade com Jesus, não possuíam uma compreensão perfeita e imutável da mensagem divina. Isso contrasta com a tradição cristã ortodoxa que tende a ver os apóstolos como portadores da verdade inquestionável, indicando que Barnabé via a busca pela compreensão da fé como um processo contínuo e sujeito a falhas humanas. Essa visão humaniza os apóstolos, colocando-os em um papel de aprendizado constante, onde a verdadeira compreensão da mensagem de Jesus só seria plenamente revelada aos fiéis que mantivessem a prática do monoteísmo estrito e a observância da lei.

Outro aspecto importante na narrativa de Barnabé é o relacionamento dos apóstolos com Jesus em si. Enquanto os evangelhos canônicos descrevem episódios de fé e até de adoração a Jesus, o Evangelho de Barnabé enfatiza uma reverência sem idolatria, uma admiração que não implica divindade. Jesus é visto como um mestre, um profeta superior a todos os outros pela sua pureza e proximidade com Deus, mas não como alguém que deve ser adorado. Os apóstolos, segundo Barnabé, seguem Jesus com a convicção de que ele é o guia e mensageiro de Deus, mas não o consideram divino. Essa diferença é fundamental para a teologia de Barnabé e reflete seu compromisso com um monoteísmo que rejeita qualquer forma de adoração a Jesus, considerando-a uma distorção da mensagem.

Por fim, o Evangelho de Barnabé oferece uma visão dos apóstolos como homens guiados pela fé, mas divididos pela interpretação. Barnabé busca transmitir que, apesar das diferenças, o objetivo dos apóstolos era honrar Deus e seguir o caminho que acreditavam ser o correto. No entanto, para Barnabé, esse caminho deveria ser fundamentado em uma fidelidade intransigente ao monoteísmo e à lei, elementos que ele considerava centrais para qualquer entendimento legítimo da mensagem de Jesus. A narrativa de Barnabé não apenas se afasta da veneração dos apóstolos como figuras infalíveis, mas também sublinha a responsabilidade individual de cada seguidor em buscar a verdade de maneira direta, sem comprometer os princípios fundamentais do monoteísmo.

Dessa forma, o Evangelho de Barnabé ilumina uma interpretação distinta das figuras apostólicas, caracterizando-as como indivíduos que, apesar de próximos de Jesus, enfrentaram desafios e conflitos internos. O relato questiona a unidade teológica que a tradição cristã posterior sugeriria, oferecendo uma versão dos eventos que enfatiza a luta pela fidelidade ao monoteísmo em um contexto de crenças emergentes e doutrinas em evolução. Ao destacar as figuras de Pedro, João e, especialmente, Paulo, Barnabé constrói uma visão do cristianismo inicial como um movimento marcado por debates e divergências, que buscava preservar a mensagem de Jesus de acordo com uma perspectiva que honrava a tradição judaica e rejeitava qualquer elevação de sua figura a um status divino.

Capítulo 44
O Papel das Escrituras

No Evangelho de Barnabé, as escrituras sagradas, particularmente a Torá e os livros proféticos do Antigo Testamento, são tratadas com reverência e como a base indispensável da prática religiosa. Barnabé posiciona as escrituras como a principal via pela qual se pode compreender a verdade sobre Deus e sobre a missão de Jesus, enfatizando que o cristianismo não deveria se afastar das tradições escriturísticas do judaísmo, mas sim cumpri-las e respeitá-las. Este capítulo examina como Barnabé valoriza as escrituras e as interpreta de acordo com a sua visão de um cristianismo que reafirma a centralidade da lei mosaica e a natureza profética de Jesus.

A Torá, os Salmos e os Profetas constituem o núcleo da revelação divina na visão de Barnabé, servindo como a bússola moral e teológica para qualquer fiel que queira compreender o propósito de Deus e a maneira correta de viver. A interpretação de Barnabé indica que Jesus não veio para estabelecer uma nova religião, mas para restaurar e reafirmar a fidelidade à mensagem original que Deus havia revelado aos profetas de Israel. Nesse sentido, Barnabé insiste que a verdadeira fé requer uma adesão total aos mandamentos da lei e que o próprio Jesus, como profeta, foi um exemplo de obediência a esses mandamentos. Essa perspectiva é fundamental para a narrativa do Evangelho de Barnabé, pois contrasta diretamente com a visão paulina e, posteriormente, com a doutrina cristã que interpreta a vida de Jesus como um novo pacto, independente das práticas e dos rituais do judaísmo.

Ao longo do Evangelho de Barnabé, a ênfase na fidelidade às escrituras se traduz em uma rejeição da divindade de Jesus e de qualquer entendimento de sua missão que possa conflitar com o monoteísmo absoluto. Barnabé argumenta que as escrituras são claras em sua afirmação da unicidade de Deus e que, portanto, qualquer interpretação que apresente Jesus como divino é uma distorção da verdade revelada. Ele utiliza referências às escrituras para reforçar a visão de Jesus como o Messias esperado, mas puramente humano, cuja missão é chamar os fiéis de volta à obediência e ao cumprimento da lei. Para Barnabé, interpretar as escrituras sem adicionar novos elementos doutrinários era uma forma de preservar a mensagem de Jesus e de garantir que a fé cristã não se desviasse de suas raízes monoteístas.

Barnabé apresenta as escrituras não apenas como fonte de autoridade, mas como um recurso vivo que orienta o comportamento ético e moral. A interpretação de Barnabé enfatiza que os ensinamentos de Jesus e suas ações devem ser entendidos como uma reinterpretação e um aprofundamento das escrituras, mas nunca como uma alteração ou uma substituição das mesmas. Para ele, a validade das escrituras é imutável e eterna, uma orientação que, ao longo dos séculos, deve permanecer inalterada. Essa visão, de que as escrituras têm uma autoridade contínua e inquestionável, está em desacordo com as interpretações cristãs que veem Jesus como o cumprimento final das profecias e das promessas das escrituras, estabelecendo um novo pacto que transcende as limitações da antiga lei.

No Evangelho de Barnabé, o uso das escrituras também funciona como um modo de diferenciação entre a verdadeira fé e as interpretações que ele considera heréticas. Para Barnabé, a leitura literal e estrita das escrituras é a única abordagem correta e qualquer tentativa de modificar, reinterpretar ou alegorizar as escrituras para justificar a divindade de Jesus é um erro grave. Ele rejeita, por exemplo, as leituras simbólicas que os evangelhos canônicos e a teologia cristã aplicam ao Antigo Testamento para fundamentar a identidade divina de Cristo. Barnabé, ao contrário, enfatiza que as profecias e os ensinamentos das escrituras devem ser lidos de forma direta, revelando um Messias que se submete à lei e que guia o povo de Israel dentro dos parâmetros estabelecidos por Moisés.

A importância das escrituras no Evangelho de Barnabé também reflete uma visão crítica dos textos e interpretações que surgiram no período pós-apostólico. Segundo Barnabé, os cristãos que se afastaram da interpretação judaica das escrituras foram responsáveis por distorcer a mensagem de Jesus e introduzir elementos que não pertenciam à revelação original. Barnabé vê a dependência das escrituras como um escudo contra a corrupção da fé e acredita que aqueles que se afastaram dessa fidelidade à Torá e aos Profetas introduziram heresias que deturparam a verdadeira mensagem de Deus. A defesa das escrituras, então, é para Barnabé uma forma de resistência contra interpretações que ele considera humanas e que tentam moldar a fé cristã de acordo com visões culturais ou políticas.

A Torá, em particular, é para Barnabé a base de toda a moralidade e o alicerce da obediência a Deus. Ele argumenta que Jesus jamais pretendeu aboli-la ou substituí-la, mas que veio apenas para reafirmar sua validade eterna. Na visão de Barnabé, a verdadeira fé não pode ser dissociada da prática religiosa e das leis que Deus entregou a Moisés, pois são esses mandamentos que definem o comportamento correto e a relação adequada entre o ser humano e o Criador. A mensagem de Barnabé é clara: o seguimento de Jesus implica um compromisso com a observância da lei e qualquer desvio disso seria uma traição à essência de seu ensinamento.

Por outro lado, o Evangelho de Barnabé não limita a espiritualidade à observância literal da lei, mas busca nos textos sagrados uma orientação que inspire uma vida de justiça e caridade. Barnabé, em várias passagens, destaca que a verdadeira compreensão das escrituras exige uma prática sincera e uma intenção pura de honrar a Deus e ao próximo. Nesse sentido, ele se aproxima das visões proféticas do Antigo Testamento, onde a observância da lei era frequentemente ligada ao compromisso com a justiça social e com a integridade espiritual. A abordagem de Barnabé às escrituras não é, portanto, uma adesão cega, mas uma busca pelo sentido pleno dos mandamentos, que ele acredita serem aplicáveis a todos os tempos e que exigem uma prática de fé ativa e moralmente elevada.

Assim, o Evangelho de Barnabé constrói uma perspectiva em que as escrituras sagradas são tanto um testemunho histórico quanto uma fonte contínua de verdade espiritual. Ele posiciona a Torá e os Profetas como guardiões da pureza da fé, imunes às influências de interpretações que Barnabé considera perigosas e errôneas. Ao fazer isso, Barnabé reafirma que qualquer compreensão da mensagem de Jesus deve estar enraizada nos ensinamentos e nas profecias contidas nas escrituras e que qualquer tentativa de elevá-lo ao status de divindade ou de redentor universal constitui uma violação dos princípios estabelecidos pela revelação original.

Esse compromisso com as escrituras no Evangelho de Barnabé não é apenas uma defesa teológica, mas um esforço para preservar uma linha de continuidade entre o judaísmo e o que ele considera ser o verdadeiro cristianismo. Barnabé busca demonstrar que, ao seguir a lei e ao respeitar as escrituras, os fiéis não apenas honram a tradição de Jesus, mas também asseguram que o cristianismo permaneça fiel às suas raízes monoteístas e à aliança que Deus estabeleceu com o povo de Israel. Dessa forma, Barnabé oferece uma visão de Jesus que é compatível com as escrituras, um profeta comprometido com a lei e com a obediência a Deus, e rejeita qualquer interpretação que possa comprometer a centralidade das escrituras na fé.

No fim, o Evangelho de Barnabé ergue as escrituras como o alicerce inabalável da fé, uma fonte de autoridade que não pode ser questionada ou reinterpretada de maneira que viole o monoteísmo estrito. Barnabé sustenta que apenas por meio de uma fidelidade completa às escrituras é possível honrar a verdadeira mensagem de Jesus e garantir que o cristianismo não se torne uma religião desvinculada de suas origens e de seus princípios fundamentais. Para Barnabé, as escrituras não são apenas textos sagrados, mas são o próprio elo entre o humano e o divino, o caminho que orienta o fiel na busca pela verdade e que mantém viva a chama da fé.

Capítulo 45
Espiritualidade Apócrifa

O conceito de espiritualidade apócrifa, conforme explorado no Evangelho de Barnabé, revela uma visão de fé e prática que desafia os modelos institucionalizados de religiosidade e busca um retorno à essência da mensagem de Jesus, fundamentada na simplicidade e na pureza do monoteísmo. Barnabé propõe uma espiritualidade menos hierárquica e mais acessível, uma fé despojada de rituais complexos e compromissos dogmáticos. Sua abordagem sugere que a verdadeira conexão com o divino reside não na formalidade dos cultos, mas na sinceridade do coração e no compromisso ético com a justiça e a misericórdia.

O Evangelho de Barnabé, ao ser classificado como apócrifo, não possui o respaldo dos textos canônicos, mas apresenta uma espiritualidade que se constrói à margem das interpretações tradicionais do cristianismo. Essa espiritualidade apócrifa se manifesta na ênfase de Barnabé na oração direta, na humildade e no arrependimento sincero como caminhos principais para a aproximação de Deus. Ele rejeita a ideia de que a intercessão de figuras santificadas ou a veneração de santos e mártires seja necessária para alcançar a comunhão com o divino. Em vez disso, defende que cada indivíduo, ao conduzir sua vida com retidão e devoção, pode estabelecer uma ligação direta com Deus, sem intermediários.

Essa visão da espiritualidade também incorpora uma crítica sutil, porém significativa, às estruturas de poder eclesiástico que estavam se consolidando na época em que o cristianismo estava se institucionalizando. Para Barnabé, a fé não requer uma mediação sacerdotal ou uma autoridade central que interprete as escrituras em nome dos fiéis; pelo contrário, ele sugere que a mensagem de Jesus foi projetada para ser acessível a todos, compreendida e praticada individualmente, sem depender de uma hierarquia religiosa. Essa abordagem ecoa uma espiritualidade comunitária, que não exclui ou hierarquiza, mas que se desenvolve através do engajamento sincero de cada crente na vivência dos ensinamentos de Jesus.

No Evangelho de Barnabé, a espiritualidade é também profundamente ética, fundada na prática da caridade e no amor ao próximo. A salvação, segundo Barnabé, não é alcançada apenas pela fé ou pela filiação a uma comunidade específica, mas pela integridade moral, pela compaixão e pela ajuda mútua. A espiritualidade apócrifa que Barnabé apresenta é, portanto, uma espiritualidade de ação, na qual a fé é confirmada e validada pelo comportamento ético e pela dedicação ao bem-estar dos outros. Para ele, a verdadeira devoção se revela em atos de bondade, perdão e misericórdia, aspectos que Jesus exemplificou em sua vida e que deveriam ser imitados por seus seguidores.

Outro aspecto significativo da espiritualidade apócrifa no Evangelho de Barnabé é a centralidade da humildade e do arrependimento. Barnabé destaca a necessidade de que cada crente reconheça suas falhas e se dedique a uma prática constante de autocorreção, de forma que a espiritualidade não seja um instrumento de autossatisfação ou de elevação moral, mas um caminho de transformação pessoal. Ele rejeita a ideia de superioridade espiritual ou de predestinação, insistindo que todos, independentemente de seu status social ou religioso, precisam viver em um estado de arrependimento e humildade diante de Deus. Essa visão sugere que a verdadeira espiritualidade não eleva o indivíduo sobre os outros, mas o torna mais consciente de suas responsabilidades e de suas limitações.

Barnabé também coloca a prática da oração em uma posição central na vida espiritual, porém, em seu evangelho, a oração é simples, sem necessidade de rituais elaborados ou fórmulas estabelecidas. Para ele, a comunicação com Deus é algo pessoal e espontâneo, um diálogo que se realiza de coração aberto e que busca orientação, consolo e sabedoria. A oração, segundo Barnabé, não deve ser um ato público ou uma demonstração de piedade, mas um momento íntimo de reflexão e entrega, onde o indivíduo se conecta com o divino em sua simplicidade e vulnerabilidade. Ele critica, ainda que indiretamente, a prática de orações ritualísticas que se tornavam comuns em comunidades que buscavam demonstrar fervor ou devoção por meio de atos exteriores.

Essa espiritualidade apócrifa apresentada por Barnabé possui também uma dimensão apocalíptica, na qual ele enfatiza a urgência de uma vida de retidão, à luz da iminência do julgamento divino. Barnabé interpreta o papel de Jesus como aquele que chama ao arrependimento, alertando sobre o fim dos tempos e sobre a necessidade de uma conversão sincera, que vá além das aparências e alcance o âmago da alma. A salvação, para Barnabé, está acessível a todos que se arrependem genuinamente e vivem de acordo com os mandamentos de Deus, mas ele deixa claro que aqueles que se apegam aos valores materiais ou que ignoram a necessidade de justiça enfrentarão as consequências de seus atos. A espiritualidade, assim, é uma resposta ao chamado do tempo presente, que exige um comprometimento total com a moralidade e a pureza.

Além disso, a espiritualidade apócrifa de Barnabé possui um forte elemento de igualdade social e justiça. Barnabé vê a prática religiosa como inseparável da responsabilidade social e, em várias passagens, enfatiza a importância de cuidar dos pobres, dos marginalizados e dos oprimidos. Ele critica a hipocrisia religiosa e a busca de status e poder dentro das comunidades religiosas, sugerindo que tais práticas são contrárias à verdadeira essência da mensagem de Jesus. Para Barnabé, uma fé autêntica é aquela que promove o bem-estar coletivo e que rejeita qualquer forma de exclusão ou injustiça. Ele vê no cristianismo uma ferramenta para a transformação social e para o alívio do sofrimento humano, algo que vai muito além da salvação individual.

Essa perspectiva social também implica um distanciamento das estruturas religiosas que, segundo Barnabé, corrompem a simplicidade e a sinceridade da fé. Ele sugere que a religião institucionalizada pode desviar os fiéis de uma espiritualidade genuína, promovendo uma obediência cega a dogmas e rituais que não contribuem para o desenvolvimento pessoal e espiritual. Sua crítica é, assim, dirigida não apenas a uma corrupção ética, mas também a uma corrupção espiritual, onde a prática religiosa se torna um fim em si mesma, em vez de ser um meio para alcançar uma compreensão mais profunda de Deus e da própria existência.

Para Barnabé, a espiritualidade é, portanto, uma jornada pessoal e coletiva, uma busca contínua pela verdade e pela retidão que se realiza na simplicidade do dia a dia. A fé não deve ser um fardo ou uma obrigação, mas uma expressão natural de um coração sincero e comprometido. Ele descreve uma prática espiritual que é acessível a todos, sem necessidade de privilégios ou títulos, defendendo que a verdadeira grandeza espiritual está no serviço e na humildade. Essa visão aproxima Barnabé dos movimentos apocalípticos e proféticos da época, que enfatizavam uma rejeição ao poder e à riqueza, e uma dedicação à transformação moral como preparação para o julgamento divino.

Em resumo, a espiritualidade apócrifa do Evangelho de Barnabé é uma crítica e uma alternativa ao cristianismo institucional, oferecendo uma visão de fé que resiste à autoridade e à complexidade dogmática em favor de uma conexão simples e direta com o divino. Para Barnabé, a vida espiritual é acessível, ética e centrada no indivíduo e na comunidade, unida pela observância das escrituras e pela prática da justiça. Essa espiritualidade apócrifa reflete uma visão de cristianismo que, embora excluída do cânone, permanece como um eco das raízes originais do movimento cristão, um chamado à humildade e à fidelidade que transcende os limites da religião formal.

Capítulo 46
A Luta entre Verdades

A história do cristianismo é marcada pela coexistência e pelo confronto entre múltiplas visões sobre a verdade e a identidade de Jesus. O Evangelho de Barnabé emerge como um texto emblemático dessa disputa, propondo uma interpretação que se afasta da versão canônica e que defende uma perspectiva alternativa sobre a mensagem e a missão de Cristo. Barnabé apresenta uma narrativa em que as verdades estabelecidas pela Igreja são questionadas e onde se busca restaurar o que ele considera ser a genuína mensagem de Jesus, afastando-se da teologia da divindade e da redenção pela crucificação.

Neste capítulo, a luta entre as diferentes interpretações da figura de Jesus é apresentada como uma batalha de verdades teológicas que vai além das questões doutrinárias e se estende aos fundamentos da fé cristã. O Evangelho de Barnabé coloca em oposição a visão tradicional da divindade de Jesus e o conceito de uma redenção baseada no sacrifício, apresentando em vez disso uma verdade que ele considera mais alinhada ao monoteísmo e à visão de Jesus como um profeta humano, não como um ser divino. Para Barnabé, esta "verdade" apócrifa é mais fiel ao espírito do judaísmo, ao qual Jesus, segundo ele, nunca deixou de pertencer.

A divergência entre o Evangelho de Barnabé e os evangelhos canônicos representa, de certo modo, uma disputa por autenticidade. Barnabé sugere que a versão oficial dos eventos da vida de Jesus foi alterada para servir a uma narrativa que permitisse uma nova forma de espiritualidade, centrada na figura de Jesus como salvador divino. O Evangelho de Barnabé, portanto, reivindica uma "verdade oculta" que, ao ser redescoberta, restauraria a integridade da mensagem original de Jesus. Para Barnabé, essa mensagem é clara e direta: o cristianismo deveria manter o monoteísmo estrito, e a natureza humana de Jesus deveria ser respeitada, sem as inovações doutrinárias que, segundo ele, foram adicionadas posteriormente.

Essa luta por verdades também se reflete nas figuras de Judas e Jesus, cujos papéis, conforme apresentados no Evangelho de Barnabé, reconfiguram completamente o conceito de redenção. Barnabé descreve uma versão dos eventos que implica que Judas foi, de fato, crucificado no lugar de Jesus, desafiando a narrativa da paixão e a noção de sacrifício redentor. Essa interpretação propõe que a crucificação não foi o ponto culminante da missão de Jesus, mas um engano divinamente permitido para preservar o verdadeiro profeta. Para Barnabé, a verdadeira mensagem de Jesus estava em seus ensinamentos e em sua vida exemplar, não em sua morte, o que representa um confronto direto com o cristianismo que celebra a cruz como o símbolo de salvação.

A narrativa de Barnabé é também uma resposta à teologia de Paulo, que, segundo muitos estudiosos, foi essencial na formação da doutrina cristã da salvação pela fé em Cristo crucificado. Barnabé vê a abordagem paulina como uma distorção e um afastamento do monoteísmo judaico, sugerindo que Paulo, ao enfatizar a natureza redentora da crucificação, criou um desvio que teria fundado o cristianismo em um entendimento equivocado da missão de Jesus. Esta disputa entre Paulo e Barnabé revela uma verdade em disputa, onde cada um reivindica ser o autêntico intérprete da mensagem de Jesus. O Evangelho de Barnabé se coloca, então, como um documento que busca corrigir esse curso, apresentando uma alternativa que reivindica ser mais próxima do judaísmo original e da intenção de Jesus.

A luta entre verdades se estende para além das figuras de Jesus e Paulo, envolvendo também a própria interpretação das escrituras. Barnabé insiste que a Torá e os profetas sempre previram a vinda de um messias que seria humano e que reforçaria a fidelidade ao monoteísmo. A visão canônica, por sua vez, interpreta as mesmas escrituras de uma forma que sugere que Jesus é o Filho de Deus, o cumprimento de uma promessa que transcende as limitações do judaísmo. Para Barnabé, no entanto, essa leitura é equivocada e conduz o cristianismo a um desvio, onde a unidade de Deus é comprometida por uma visão que ele considera uma inovação teológica. O Evangelho de Barnabé, assim, expõe uma tensão fundamental entre duas leituras concorrentes das mesmas escrituras sagradas, ambas buscando sustentar sua versão da verdade.

Para Barnabé, essa disputa por verdade é também uma questão de identidade. Ele vê o cristianismo não como uma nova religião, mas como um movimento de reforma do judaísmo, que deveria, em essência, trazer os judeus de volta ao caminho da obediência a Deus. A visão apócrifa que Barnabé apresenta é a de um cristianismo que permanece dentro dos limites da fé judaica, uma continuidade que ele acredita que Jesus pretendia preservar. A teologia trinitária, a ideia de expiação pelo sangue e a veneração de Jesus como divindade são, para Barnabé, elementos que distorcem e fragmentam essa identidade original, criando uma divisão que ele vê como um dos maiores desafios à pureza da fé.

A narrativa de Barnabé oferece uma alternativa também em relação ao conceito de "verdade revelada". No cristianismo tradicional, a revelação culmina em Jesus como o Filho de Deus, um evento que redefine a relação entre Deus e a humanidade. Barnabé, no entanto, vê essa "nova revelação" como um equívoco, argumentando que a verdadeira revelação está nas escrituras hebraicas e que Jesus, como profeta, veio para reafirmar essa verdade e não para redefini-la. Ele acusa a teologia cristã posterior de interpretar erroneamente a missão de Jesus, apresentando-o como uma figura sobrenatural quando, para Barnabé, ele era um homem e um profeta. Assim, a luta entre verdades não é apenas uma questão de disputa teológica, mas também uma discordância sobre o papel e o conteúdo da revelação divina.

Ao longo do Evangelho de Barnabé, a insistência em uma verdade alternativa se coloca como uma resistência contra o poder da doutrina oficial. A classificação do Evangelho de Barnabé como apócrifo reflete não apenas sua exclusão do cânone, mas também sua posição como um desafio persistente à versão canônica. Para os fiéis que se identificam com essa interpretação, o Evangelho de Barnabé representa uma verdade escondida, uma visão reprimida que, de tempos em tempos, ressurge como um lembrete de que a história religiosa é frequentemente escrita a partir de escolhas doutrinárias que privilegiam certas interpretações em detrimento de outras.

O Evangelho de Barnabé, assim, nos convida a refletir sobre como as "verdades" religiosas são estabelecidas, e sobre o poder que elas exercem sobre a vida dos indivíduos e das comunidades. Na visão de Barnabé, o cristianismo é chamado a retornar a uma simplicidade espiritual e a uma fidelidade intransigente ao monoteísmo, resgatando a essência de uma mensagem que ele acredita ter sido comprometida pela doutrina oficial. O texto nos leva a questionar a autoridade das interpretações tradicionais e a considerar que, na busca pela verdade, é possível que múltiplas vozes reivindiquem a autenticidade com base em suas próprias experiências e compreensões da fé.

A luta entre verdades, portanto, não é meramente uma controvérsia sobre doutrinas e dogmas, mas é uma disputa sobre a própria natureza do divino e da salvação. No Evangelho de Barnabé, essa luta é travada com uma convicção que ecoa o compromisso com um Deus único e transcendente, um Deus que, para Barnabé, jamais se fez carne ou exigiu adoração em forma humana. A verdade que Barnabé defende é radical em sua simplicidade, desafiando a cristandade a reavaliar a base de suas crenças e a confrontar as questões fundamentais sobre a identidade de Jesus e o propósito da fé.

Em suma, o Evangelho de Barnabé não apenas oferece uma versão alternativa dos eventos da vida de Jesus, mas também propõe uma verdade que reivindica sua autenticidade ao contestar as doutrinas estabelecidas. Esse confronto entre verdades continua a ressoar, trazendo à tona a diversidade de pensamentos e interpretações que marcaram o cristianismo desde os primeiros séculos e que, até hoje, refletem a complexidade de uma fé que sempre abrigou múltiplas visões de uma verdade que, para cada um, pode ter significados profundamente diferentes.

Epílogo

Chegas ao final deste percurso, e é possível que, assim como Barnabé, vejas a fé e a verdade sob uma nova perspectiva. O que o Evangelho de Barnabé te propôs foi mais que uma simples história, foi um convite a revisitar as raízes da espiritualidade, a essência das mensagens que moldam a compreensão da vida e da morte, do humano e do divino. Ao longo das páginas, foste confrontado com uma visão de Jesus que desafia o convencional, uma abordagem onde a fé se funde com o legado da tradição judaica e onde cada ensinamento se traduz em uma ética profunda e simples.

Agora, ao concluir esta leitura, tens em mãos uma riqueza de ideias que transcende o dogma e te conduz a um entendimento mais humano e mais próximo. Não se trata apenas de guardar ensinamentos, mas de vivê-los. A experiência de Barnabé inspira um cristianismo enraizado no amor, na compaixão e na prática justa, e desafia-nos a preservar esses valores no mundo atual. Sua mensagem é um chamado a sermos fiéis, não a rituais vazios, mas ao coração da fé: a ação ética e o respeito pelas tradições que nos lembram quem somos.

Nesta última página, talvez tenhas a sensação de que o caminho apenas começou. Afinal, o que é a espiritualidade senão um constante aprofundamento? Os questionamentos que surgiram, as reflexões que te acompanharam ao longo desta leitura, são parte desse percurso que continuará em tua jornada pessoal. Guardas agora uma visão de Barnabé que não pretende dividir, mas unir, uma interpretação que valoriza tanto o respeito ao legado judaico quanto a abertura para o novo, uma fé que busca equilibrar tradição e renovação.

Enquanto guardas este livro, lembra-te: Barnabé não defendia uma fé imposta, mas uma fé vivida e experimentada. Ele mostrou um caminho onde a retidão é o maior testemunho de quem somos. Assim, que tu possas levar adiante esses ensinamentos, incorporando-os em tua vida, sendo o próprio exemplo de compaixão e justiça, um reflexo de tudo aquilo que as palavras de Barnabé e a vida de Jesus simbolizam.

Esta obra não te deixa com uma conclusão, mas com uma abertura, uma promessa de que há sempre mais a compreender e a vivenciar. Que tua jornada prossiga, que tua busca pela verdade te leve a explorar, em cada momento, a profundidade do que é realmente sagrado e eterno. Assim, como Barnabé, possas ser alguém que vive a fé em cada gesto, em cada escolha, perpetuando o ensinamento de um Jesus próximo e compassivo, que chama à paz, à unidade e à prática do amor.

www.ingramcontent.com/pod-product-compliance
Lightning Source LLC
LaVergne TN
LVHW040050080526
838202LV00045B/3565